DON'T BE DECEIVED BY THE FRENCH

el.malet@gmail.com
www.elmalet.co.uk

BY THE SAME AUTHOR

False Friends: Faux Amis: Book One (2010)
False Friends: Faux Amis: Book Two (2011)

DON'T BE DECEIVED BY THE FRENCH

ELIZABETH MALET SPRADBERY

Copyright © 2014 E M Spradbery

The moral right of the author has been asserted.

Apart from any fair dealing for the purposes of research or private study, or criticism or review, as permitted under the Copyright, Designs and Patents Act 1988, this publication may only be reproduced, stored or transmitted, in any form or by any means, with the prior permission in writing of the publishers, or in the case of reprographic reproduction in accordance with the terms of licences issued by the Copyright Licensing Agency. Enquiries concerning reproduction outside those terms should be sent to the publishers.

Matador
9 Priory Business Park,
Wistow Road, Kibworth Beauchamp,
Leicestershire. LE8 0RX
Tel: (+44) 116 279 2299
Fax: (+44) 116 279 2277
Email: books@troubador.co.uk
Web: www.troubador.co.uk/matador

ISBN 9781783061174

British Library Cataloguing in Publication Data.
A catalogue record for this book is available from the British Library.

Printed and bound in the UK by TJ International, Padstow, Cornwall
Typeset by Troubador Publishing Ltd, Leicester, UK

Matador is an imprint of Troubador Publishing Ltd

*À mes très chers amis à Roubaix, France:
Susan Leclercq et Guy Grudzien*

FOREWORD

If a French person asks you for 'assistance' they are not asking for your help but your attendance (at a party, a function etc.) And when they say 'attendez' they are not asking you to attend but to wait.

This book contains over 200 of these 'deceptive' words, also known as 'false friends'. Two of my favourites are: 'les tongs : flip-flops' and 'un surnom : a nickname'.

I like to think that this book is a measured answer, a mature response, a stinging riposte to Marcel Lucont's book: *What we French think of you British, and where you are going wrong*.

We, the Brits, have always had an honourable tradition of trading insults with the French.

Avoid an 'entente glaciale' and another Waterloo by picking up the difference between 'heurter – to strike' and 'blesser – to hurt'. Read this book and never be deceived again.

Soon you will recognize the pitfalls and avoid embarrassing misunderstandings; learn also to be able to ask for the station (la gare) instead of war (la guerre).

As well as sections of basic French words and phrases this book contains Blagues (Jokes) and Pensées (Thoughts) (with apologies to Blaise Pascal). As requested after the publication of my first two books (*False Friends: Faux Amis : Books One and Two*), an index is now included.

CONTENTS

PART ONE — 1

1. Deceptives — 3
2. French to English phrases — 23
3. Twins, Triplets, Quadruplets — 39
4. Lists — 49
5. Miscellaneous — 59
6. English to French phrases — 67

PART TWO — 83

1. Thoughts: Pensées et Dictons — 85
2. The beautiful Subjunctive — 101
3. Sigles: Initials and Abbreviations — 111
4. Blagues: English and French Jokes — 147
5. Index: French to English — 165
6. Index: English to French — 189
7. Final Thoughts — 212

ACKNOWLEDGEMENTS

Jane Jakeman (www.completewebsites.biz/jane.jakeman@completewebsites.biz): I can't thank or praise Jane enough for all her generous time and expertise she has dedicated to me. My website (www.elmalet.co.uk), complete with bright French sunflowers (tournesols), is thanks to her stalwart and inspired efforts. Go there now.

Julie Knott (jkcomputers@btinternet.com), my other expert computer guru, is on hand to rescue me when I get myself into a classic IT tangle. There are few problems she cannot solve, and is kind enough to indulge my love of little gadgets.

Laura K Lawless: Laura's inspiring website (french.about.com) is very helpful as well as entertaining. You can sign up for her daily email to bring you up to speed with French words, phrases and facts you need and want to know.

Cover picture and all illustrations by **Harry Parke**.

LIST OF ABBREVIATIONS

abrév. : abréviation : abbreviation
adj. : adjective
adj. f. : adjective feminine
adj. m. : adjective masculine
adv. : adverb
cf. : compare with (see)
comp. : computer
conj. : conjunction
f. : feminine
fam. : familier (familiar)
fpl. : feminine plural
hist. : historical
hum. : humorous
inv. : invariable
lit. : literal
m. : masculine
met. : metaphorical
m/f : masculine/feminine
mil. : military
mpl. : masculine plural
naut. : nautical
nf : noun feminine
nfpl : noun feminine plural
nfs : noun feminine singular
n.inv. : noun invariable
nm : noun masculine
nmpl : noun masculine plural
nms : noun masculine singular
pp : past participle
qch. : quelque chose
qn : quelqu'un

sb. : somebody
sb.'s : somebody's
sing. : singular
sth. : something
svp : s'il vous plaît

PART ONE

PART ONE

SECTION 1

DECEPTIVES

DECEPTIVES aka FALSE FRIENDS:
Words that look like one thing but
mean another

The French word 'flippant' means 'grim'
and not 'light-hearted, playful' as in English

(s') achever >
to finish (off), to reach the end
— to achieve >
accomplir, réaliser

l' actualité (nf) >
current events, the news
— actuality >
la réalité

actuel(les) (adj.) >
at this moment, now
— actual >
exact(es), réell(es)

l' adepte (m/f) >
the enthusiast, the follower
— adept (adj.) >
expert(es)

aduler >
to flatter
— to adulate >
flagorner

un agenda >
a diary
— an agenda >
l'ordre (nm) du jour, le programme

l' agrément (nf) >
charm, attractiveness; an amenity
— an agreement >
un accord

alléger >
to lighten, alleviate, mitigate
— to allege >
prétendre

l' allure (nf) >
speed, pace; gait; air, look
— allure >
le charme, l'attrait (nm)

ancien(nes) (adj.) >
former
— ancient >
antique(s), très vieux, -vieille(s) (hum.)

animer (réunion) >
to lead, conduct, keep going, run
— to animate >
rendre vivant(es)

un anniversaire >
a birthday
— a (wedding) anniversary >
un anniversaire de mariage

l'	appoint (nm) > the right or exact change	an appointment > un rendez-vous, une nomination
les	appointements > earnings, salary, pay, income	appointments (bureau) > un bureau de placements
	arguer > to deduce	to argue > se disputer
	assigner > to summon to (appear in) court	to assign > attribuer à, donner, affecter à
	assister à > to be present at	to assist > aider
	assumer > to undertake, to take on	to assume > supposer, présumer, affecter
	attendre > to wait	to attend > assister à
un	attentat > a bombing, an attempt on sb.'s life	an attempt > une tentative
l'	avis (nm) > opinion	advice > un conseil
	balancer > to swing, to push, to fling, to chuck (out)	to balance > tenir en équilibre
un	bateleur > a tumbler, a buffoon	a battle-axe > une hache d'armes, une virago
un	bénéfice > a profit, an advantage	a benefit > un bienfait, une allocation

un	bénévole > a volunteer		benevolence > la bienveillance, la générosité
un	billet > a ticket		a billet > un cantonnement
	blâmer > to rebuke (officially), to reprimand		to blame > condamner
une	blanquette > a sauce, a wine		a blanket > une couverture, une nappe
	blesser > to hurt, to wound, to injure		to bless > bénir
les	bras (nmpl) > the arms		bras > les soutien-gorge (nmpl)
une	brassière > a baby's vest		a brassiere > un soutien-gorge
une	bribe > a bit, a scrap, a snatch (of music)		a bribe > un pot-de-vin (!)
un	brick (regional) > a fritter (!)		a brick > une brique
un	brushing > a blow-dry		brushing > en brossant (les cheveux)
la	candeur > ingenuousness, naïvety		candour > la franchise, la sincérité
une	cane > a (female) duck		a cane > un jonc, une verge

un	car > a coach	a car > une automobile, une voiture
un	carter > a chain guard, a casing	a carter > un charretier
le	carton > cardboard	the carton > le pot, la cartouche (pour cigarettes)
une	caution > a guarantee, a security	caution > la prudence, la circonspection
	cave / cave(s) (adj.) > a cellar, a vault/hollow, sunken	a cave > une caverne, une grotte
	censé(es) > supposed (to)	censored > censuré(es)
	charger > to load, to overdo, exaggerate	to charge > inculper/facturer, foncer
les	chips (nfpl) > crisps	chips > les frites (nfpl)
	clapper > to click one's tongue	to clap > applaudir, battre des mains
	coi, coite (adj.) > silent, speechless	coy > évasif, -ive, faussement timide
	compulser > to consult	a compulsion > une forte envie
les	conserves (nfpl) > tinned, canned food	a conserve (e.g. jam) > la confiture

content(es) (adj.) >
  happy

content (adj.) >
  satisfait(es)

contrôler >
  to check, to verify (financial audit)

to control >
  maîtriser, dominer

convenable >
  appropriate, suitable, decent

convenient >
  commode(s)

convenir >
  to suit, to agree on

to convene >
  convoquer, se réunir, s'assembler

crier >
  to shout, to scream

to cry >
  pleurer

un croc >
  a fang

a croc(odile) >
  un crocodile

la denture >
  teeth

a denture >
  un dentier

dare-dare >
  at the double

to dare >
  oser

la déception >
  disappointment

deception >
  la tromperie, la duperie

déguster >
  to enjoy, to sample, to taste

to disgust >
  dégoûter

un délai >
  a time limit

a delay >
  un retard

délayer >
  to mix, to stir in

to delay >
  retarder

demander >
  to ask

to demand >
  exiger, réclamer, revendiquer

dérangé(es) (adj.) >
  put out

deranged >
  fou(s), folle(s)

dérider >
  to cheer (somebody) up

to deride >
  rire de, tourner en ridicule

désigner >
  to appoint, to designate

to design >
  concevoir, dessiner, créer

desservir >
  to serve, be served by

to deserve >
  mériter, être digne de

détenir >
  to hold, to have in one's possession

to detain >
  retenir

une digitale >
  a foxglove (flower)

digital >
  numérique(s)

dire >
  to say

dire (adj.) >
  désastreux, sinistre(s), extrême(s)

disposer de >
  to have (available)

to dispose of >
  se débarrasser de, se défaire de

distraire >
  to amuse, to keep occupied

to distract >
  déconcentrer

divertir >
  to amuse, to keep entertained

to divert >
  détourner, dérouter, dévier

dresser >
  to draw up, to make out

to dress >
  habiller

se dresser >
  to stand up, to sit up

to dress oneself >
  s'habiller

élaborer >
    to work out, to develop, to put together

to elaborate >
    donner des détails

l' émail (nm) >
    enamel

an email >
    un mail, un courriel cf. courriel (sect. 4)

l' emphase (nf) >
    bombast, pomposity

emphasis >
    l'accentuation (nf), l'accent d'intensité

encaustiquer >
    to polish

caustic soda >
    la soude caustique

énerver >
    to annoy, to upset

enervated >
    affaibli(es), mou(s), molle(s)

l' essence (nf) >
    petrol

essence >
    l'extrait (nm)

éventuel(les) (adj.) >
    possible

eventual >
    final(es), ultime(s), qui s'ensuit

éventuellement >
    possibly

eventually >
    finalement

fabriquer >
    to manufacture, to produce

to fabricate >
    inventer, forger

un facteur >
    a postman

a factor >
    un élément

une fêlure >
    a crack, a rift

a failure >
    un échec, (être) un nul

une figure >
    a face

a figure >
    un chiffre, une image, la ligne

figurer >
  to represent

to figure >
  penser, supposer

fin(es) >
  expert, shrewd

fine >
  excellent(es), superbe(s)

le fiston >
  son, sonny

the fist >
  le poing

fixer >
  to attach, to set (a meeting); to stare

to fix >
  arranger, soudoyer (*to bribe*)

le flair >
  sense of smell, intuition

a flair (for) >
  le style, un don (pour)

flippant(es) (adj.) >
  grim, depressing

flippant (adj.) >
  désinvolte(s)

(se) formaliser >
  become angry or upset

to formalize >
  mettre en termes officiels, approuver

la formation >
  training, adult education

a formation >
  une élaboration, une mise en place

former >
  to train

to form >
  construire, façonner, fabriquer

formidable (s) (adj.) >
  wonderful, fantastic, great

formidable >
  redoutable(s), terrible(s)

une foule >
  a crowd

a fool >
  un idiot, une idiote

la franchise >
  frankness, openness

franchise >
  un droit de vote

frisquet (adj.) >
  chilly, nippy

frisky >
  vif(s), vive(s), sémillant(es)

le	front > the forehead, the brow	the front > l'avant (nm), le premier rang
la	gale > scabies, itch, mange	a gale > un grand vent, une bourrasque
mon	gendre > my son-in-law	gender > sexe (genre nm)
	gentil(les) (adj.) > kind	gentle (adj.) > doux, douce(s)
un	gobelet > a beaker, a tumbler, a cup	a goblet > un (grand) verre à pied, une coupe
	grappiller > to glean, to pick at, to nibble	to grapple with > lutter avec, se colleter avec
une	grève > a strike; a shore, a bank	a grave > une tombe
	grivois(es) (adj.) > saucy	grievous > grave(s), sérieux, -euse(s)
un	groin > a snout (yes, really!)	the groin > l'aine (nf), le bas-ventre
les	habits (mpl) > clothes	habits > les mœurs (nfpl)
	happé(es) > snatched (up), dragged down	happy > heureux, -euse, content(es)
	hardi(es) (adj.) > daring	hardy (adj.) > robuste(s), intrépide(s)
un	hasard > a coincidence, chance	a hazard > un risque, un danger, un péril

la	hâte > and see hâte (section 5) haste	to hate haïr
la	hauteur > height	hauteur (arrogance) > la morgue
	heurter > to strike, to hit	to hurt > blesser
un	hobereau > a local (country) squire	a hobo > un clochard
un	homme > a man	home > chez-soi, sa propre maison
	hop! > whoops(-a-daisy)!	to hop > sautiller
	hurler > to scream	to hurl > jeter ou lancer (avec force ou violence)
	ignorer > not to know, to have no knowledge of	to ignore > ne tenir compte de
	impair (adj.) > odd (e.g. not even) numbers	to impair > détériorer, diminuer, abîmer
	impartir > to assign duties, to invest powers	to impart > communiquer, faire part de, donner
s'	implanter > to set up, to establish, to open	to implant > inculquer, faire une greffe
une	injure > a swear word, profanity	an injury > une blessure

| | injurier > to swear at, to curse, to vilify | to injure > blesser |

l' instance (nf) > authority, proceedings — an instance > un exemple, un cas, une occasion

interjecter (appel) > to lodge an appeal — to interject (a word) > placer (un mot)

introduire > to insert one object into another — to introduce > présenter (personnes)

inusable(s) (adj.) > hard-wearing — unusable > inutilisable(s)

l' issue (nf) > the exit — an issue > une question, un point

une journée > a day — a journey > un voyage

laid(es) (adj.) > ugly — laid pp. of lay > posé(es), étendu(es), mis(es)

une librairie > a bookshop — a library > une bibliothèque

une lime > a file (for nails etc.) — a lime > un citron vert

la luxure > lust — luxury > le luxe

malin(s), maligne(s) (adj.) > shrewd, cunning, crafty — malignant (adj.) > nocif(s), nocive(s)

	merci > thank you	mercy > la miséricorde
la	miséricorde > mercy	misery > la tristesse, la douleur
une	mob(ylette) > a scooter	a mob > une meute
un	môle > a breakwater, a pier, a jetty	a mole > une taupe, un grain de beauté
	mutin(es) > mischievous	a mutiny > une révolte
une	nuisance > something harmful or dangerous	a nuisance > quelque chose d'embêtant, un fléau
un	octet > a byte (computer)	an octet > un octuor
une	officine > a dispensary, a pharmacy, headquarters	an office > un bureau
	onctueux, – euse(s) (adj.) > creamy (coffee etc.)	unctuous > mielleux, -euse
	or (conjunction) > now, and yet, but	or > ou
	or (nm) > gold	or > ou
un	pan > a piece, a side, a patch	a pan > une casserole
la	parole > the word	parole > la liberté conditionnelle

la	peine > sorrow, sadness, trouble	pain > la douleur
	pendant > during	a pendant > un lustre, une pendeloque
la	peste > the plague	a pest > un casse-pieds (n. inv.)
	péter > to break wind, to fart	to pet > chouchouter, caresser
la	pétulance > exuberance, vitality	petulant/petulance > irritable(s)/la mauvaise humeur
une	place > a square	a place > un endroit, un lieu
un	plan > a map	a plan > un projet
	plein(es) (adj.) > full	plain (adj.) > clair(es), évident(es)
	pointer > to mark off	to point > montrer du doigt
un	polar > a detective novel	a polar bear > un ours blanc
un	portable > a mobile telephone	portable (adj.) > portatif(s), -ive(s), mettable(s)
une	pouf (pouffiasse) > a slut	a poof > gay, homosexual (but injurious)
	pourpre(s) > crimson	purple > violet(tes), mauve(s), cramoisi(es)

préciser >
  to say, to state, to declare

precise (adj.) >
  précis, méticuleux, exact, minutieux

le pressing >
  the dry-cleaner's

pressing >
  urgent(es) (adj.), le repassage (noun)

prétendre >
  to claim

to pretend >
  feindre, simuler

prévenir >
  to notify, to let somebody know

to prevent >
  empêcher, éviter

primé(es) (adj.) >
  prize-winning

primed >
  apprêté(es)

probant(es) (adj.) >
  convincing

probing >
  pénétrant(es)

un procès >
  a trial

a process >
  une procédure, un processus

propre(s) >
  clean/one's own

proper >
  convenable(s), adéquat(es)

la propriété >
  ownership, property

propriety >
  les bienséances, les convenances (nfpl)

râpé(es) (adj.) >
  grated

raped >
  violé(es)

réaliser >
  to make, to fulfil

to realize >
  se rendre compte de

une réclamation >
  a complaint, an objection, a protest

reclamation >
  la mise en valeur, la récupération

	recouvrir > to cover again, to put the cover back on	to recover > reprendre, regagner
	récupérer > to recover something, to get back	to recover (health) > se rétablir
un	regard > eyes, a look, a glance	regard > la considération, l'estime (nf)
un	relent > a stench, a foul smell	to relent > se laisser fléchir
le	relief > terrain, countryside, topography	relief > le soulagement
	remembrer > to consolidate	to remember > se rappeler
ça	rend (bien) > this yields (well)	to rend > déchirer, fendre
la	rente > an annuity, pension, allowance	the rent > le loyer
	reporter > to take back, to postpone	to report > rapporter, signaler
	ressentir > to feel	to resent > être indigné(es) de
	ressortir > to leave again, to come back in	to resort to/a resort > recourir à/une station balnéaire
	rester > to stay	to rest (oneself) > (se) reposer

	résumer > to sum up, to summarize		to resume > reprendre, recommencer
	retirer > to withdraw, to take out, to pull out		to retire > reculer, partir, prendre sa retraite
une	revue > a magazine		a review > une critique, un compte rendu, un bilan
	rompre > to break (off)		to romp > jouer bruyamment, s'ébattre
un	scrutin > a ballot		scrutiny > un examen minutieux
un	semis > a seedling, sowing		semis > maisons (nfpl) jumelles
	sensible(s) > sensitive		sensible > sensé(es), raisonnable(s)
un	short > shorts (to wear)		short (adj.) > court(es), petit(es)
	soldé(es) (adj.) > wound up, sold at sale price		sold (adj.) > vendu(es)
	spolier (de) > to despoil (of)		to spoil > abîmer, gâter
un	stage > a training course, a training programme		a stage > la scène, le théâtre
un	store> a blind, a net curtain		a store > un magasin

	suer > to sweat	to sue > poursuivre en justice

suer >
  to sweat

to sue >
  poursuivre en justice

supporter >
  to bear, to tolerate

to support >
  soutenir, subvenir, épauler

un surgeon >
  a sucker (horticultural)

a surgeon >
  un chirurgien

un surnom >
  a nickname

the surname >
  le nom de famille

la sympathie >
  likeableness, pleasantness

sympathy >
  la compassion

sympathique(s) >
  nice, likeable

sympathetic >
  compatissant(es)

taper >
  to beat, to slap, to bang, to slam

to tap >
  frapper doucement, tapoter

une targette >
  a bolt (on door)

a target >
  une cible

une tentative >
  a try, an attempt

tentative (adj.) >
  provisoire(s), hésitant(es)

les tongs (nfpl) >
  flip-flops (!)

tongs >
  la pince (à sucre), les pincettes (nfpl)

un torchon >
  a duster, a tea towel; a mess

a torch >
  une lampe de poche, un flambeau

tôt >
  early, soon

a tot >
  1) un bambin 2) une larme (de whisky)

tout >
  all

trapu(es) (adj.) >
  squat

le travail >
  work

le truc >
  the thing, thingummijig

s' user >
  to wear (oneself) out

un velum, un vélum >
  a canopy

une verge >
  a rod, a cane

un vers >
  a line (*but* en vers : in verse)

verser >
  to pour, to tip, to shed, to overturn

une veste >
  a jacket

vilain(es) adj. >
  ugly, nasty, naughty

to tout >
  vendre (avec insistance), racoler

trapped >
  pris au piège, bloqué, coincé

travail >
  la peine, le labeur

the truck >
  le camion

to use >
  utiliser

vellum >
  le vélin

a verge >
  un bas-côté, un accotement

a verse >
  une strophe, un couplet

to versify >
  mettre en vers

a vest >
  un tricot de corps

a villain >
  un scélérat, un vaurien

SECTION 2

FRENCH TO ENGLISH PHRASES

Un rire jaune (a yellow laugh)
is a polite (false) laugh

Entries in bold are illustrated by Harry Parke

	Amanda m'a cloué le bec	Amanda shut me up
aux	anges, elle est …	she's over the moon
une	arme blanche	a knife, a blade
	arrête de faire le guignol !	stop acting the clown!
	au-dessus de tout soupçon	above (any) suspicion
	avaler des couleuvres (lit. : to swallow snakes)	to swallow an affront *ou* a lie, to be taken in
une	balade dans la ville	a stroll around the town
la	bande d'arrêt d'urgence	the hard shoulder

Arrête de faire le guignol!   Stop acting the clown!

se	barrer/faire le chemin à pied	to leg it
	battre la campagne	to let one's mind wander
le	blairer, je ne peux pas …	I can't stand him (I love this one – Blair?)
une	boîte de conserve	a tin of (canned) food
se	bouffer/se manger le nez	to be at each others' throats
la	bouilloire à chauffer, j'ai mis …	I put the kettle on
le	bourdon, quand j'avais…	when I had the blues
un	brin de réconfort	a crumb of comfort
un	brin d'ironie, je décèle …	I detect a little irony
je	brûle/meurs d'envie de …	I'm dying to …
le	calme de l'été finissant	the calm at the end of summer
le	carcan de la tradition	the straitjacket of tradition
un	casier à la consigne	a left-luggage locker
	casser la croûte, la graine	to have a bite to eat
ta	ceinture de sécurité, attache …	fasten your seat belt
	censé avoir la carte, tu es …	you're supposed to have the map
du	cirage, quand il sortit …	when he came round
la	chance lui souriait	luck smiled on him
le	chapiteau, sous …	under the big top
un	chèque en bois	a dud/bouncing cheque

une	chose révolue	a thing of the past
	commençons au début	let's start at the beginning
la	connaissance implicite	tacit knowledge
tes	coordonnées, donne-moi ...	give me your contact details
une	couleuvre de deux mètres	a two-metre long snake
les	courants (nmpl) de l'opinion	the climate of opinion
	courber le dos	to submit (to something)
	courir ! Elle peut toujours ...	she can whistle for it
un	courriel, un mail	an email
un	coutelas bien affûté / bien aiguisé	a sharp cutlass (hist.)
	dans le vrai, il est ...	he's quite right
	dare-dare, rentrer ...	to go home at the double
il	débarrassait la table	he was clearing the table
	décharger sa mauvaise humeur	to vent one's anger
le	dédoublement de la personalité	multiple personalities
se	défouler, épancher sa bile	to let off steam
un	délit de presse	a violation of the press laws
une	dent de sagesse	a wisdom tooth
	déployer ses ailes	to spread one's wings
de	déterré, avoir une mine...	to look like death warmed up

il	dévora son repas	he bolted down his meal
	difficultés initiales	teething troubles
les	doigts de pied en éventail, avoir ...	to have one's feet up
je	dors debout	I'm asleep on my feet
le	dos tourné, dès qu'elle a ...	as soon as her back was turned
un	drôle de cran, il a ...	he's got a lot of bottle
de l'	eau dans le gaz, il y a ...	things aren't running too smoothly
l'	employé de garde	the attendant on duty
l'	épiderme sensible, avoir ...	to have a thin skin
en	épi, garer sa voiture	to park head on to the pavement
ses	ergots, monter / se dresser sur ...	to get one's hackles up
	faire la lippe	to sulk
	faire mouche	to hit a bull's-eye
	faire un carton	to do well
un	faux pas, faire ...	to make a (foolish) mistake
ils	filaient 12 nœuds	they were steaming along at 12 knots
	filer à l'anglaise	to take French leave (!)
la	fin d'un jour trop parfait	the end of a too-perfect day
un	flocon de neige	a snowflake

	formalisait, il ne s'en ...	he didn't take offence
sa	forme actuelle, dans ...	in its present form
	fou à lier, mon oncle est ...	my uncle is stark staring mad
	fourchette (fork), il a un bon coup de ...	he has a hearty appetite
	franchir la ligne	to cross the line
	gabarit, du même...	of the same build
	gare au chien / gare au loup !	beware of the dog / beware of the wolf!
	genre jeune cadre	a young managerial type
l'	habitude de trimer, il a ...	he's used to hard work
un	hayon arrière	a tailgate (rear light)
	heureux (happy) de vous revoir	nice / good to see you again
l'	hydre du racisme	the ugly face of racism
	incollable, elle est	you can't catch her out
	interpellé par la police, il était ...	he was questioned by the police
un	jardin en pente	a sloping garden
la	joie de vivre	the love of life
une	lapalissade	a statement of the (bleedin') obvious
se	lever au chant du coq	to rise with the lark
une	lueur au bout du tunnel	light at the end of the tunnel
la	lune en faucille (sickle)	a new / crescent moon

la	mainmise sur, avoir …	to have a stranglehold on
du	manche, être du côté …	to be on the winning side
	manger à la fourchette d'Adam	to eat with one's fingers
un	manque de nervosité	sluggishness
le	manteau d'Arlequin	the proscenium arch (in theatre)
le	maquis/la Résistance	the Resistance movement (WWII)
une	marotte coûteuse	an expensive hobby
la	mer à boire, c'est pas …	it's not rocket science
la	mesquinerie de mon frère	my brother's small-mindedness
les	mesures (nfpl) de rétorsion	retaliatory measures
se	mettre dans tous ses états	to get steamed up (about something)
se	mettre le doigt dans l'œil (jusqu'au coude)	to be deceiving/kidding oneself
	mettre son portable en charge	to charge up one's mobile 'phone
le	moment de ferrer	the time to strike
un	monstre sacré	a legendary figure, a (screen) giant
	moyennant finance	for a consideration, for a fee
des	nèfles !	nothing doing, not likely!
le	nez creux, j'ai eu …	I had a hunch

un	nid-de-poule	a pothole
	noyer the poisson (lit. : *to drown the fish*)	to sidestep the issue/evade the question
une	nuée de sauterelles	a swarm of locusts
une	nuit bleue	a night of bombings
la	nuit porte conseil	it's best to sleep on it
un	panier percé (a pierced basket)	a spendthrift
un	pantalon sombre	dark trousers
du	papier d'emballage	wrapping paper
un	parent querelleur	a pugnacious relative
	passez muscade (nutmeg)!	hey presto!
un	pâté de maisons	a block of houses
	payer sa nuit d'hôtel	to pay one's hotel bill
	pendre la crémaillère	to throw a house-warming party
	perdre courage	to lose one's bottle
	perdre les pédales	to lose one's grip/one's marbles
	personnes policées	people of refined/polished manners
au	petit bonheur	as the mood takes you
du	petit-lait, elle boit ...	she laps it all up
une	petite fortune, perdre ...	to lose a small fortune
un	petit versement	a small payment

Me plaît de plus en plus, il…   He's growing on me

une	pièce de rechange	small change
la	pingrerie de l'avare	the stinginess of the miser
	piston, avoir du …	to have friends in high places
me	**plaît de plus en plus, il…**	he's growing on me
un	poids lourd	a heavy goods vehicle
le	pont aux ânes, c'est …	any fool knows that
une	porte à claire-voie	a see-through door

son	poste actuel	his present post
le	postulat de base/de départ	the basic premise
un	pourboire important, il a laissé …	he left a large tip
	pousser les choses à l'extrême	to go to extremes
un	préavis d'un mois	a month's notice/warning
	prêcher par l'exemple	to practise what one preaches
sa	première leçon	her/his first lesson
le	**Prince des Ténèbres**	the Prince of darkness
un	problème de santé	a health problem
de	quart, être …	to keep the watch

Le Prince des Ténèbres *The Prince of darkness*
"I don't care if you *are* the Prince of Darkness, you're not on the list"

les	quatre cents coups, faire …	to live a wild life
de	quoi s'agit-il ?	what's it about?
la	rayer de ma vie	to rid my life of her
ce	récit en inclut un autre	this is a story within a story
la	réclusion à perpétuité	life imprisonment
	Rendez-vous, vous êtes cernés !	Give yourselves up, you're surrounded!
	rendre la vue à quelqu'un	to give somebody back their sight
la	reprise des bouteilles vides	the return of empties (bottles)
	resquiller sur son travail	to get out of (doing some) work
un	ressort cassé	a broken spring
un	revenant, on dirait que tu as vu…	you look as though you've seen a ghost
	revenons à nos moutons	let's get back to the subject
le	rez-de-chaussée	the ground floor
un	rire jaune	a polite (false) laugh
en	rupture avec la tradition	to break with tradition
une	rupture de contrat	a breach of contract
un	sac banane	a bumbag
un	sale quart d'heure, passer …	to be having a rough time
	sans domicile fixe	of no fixed address

sa	satanée fête	her wretched party
	sensible, il est le plus …	he is the most *sensitive*
au	**septième ciel, être …**	on cloud nine, to be on …
le	seuil de la porte	the threshold
le	soleil du matin	the morning sun
une	souris d'hôtel	a sneak thief
	sous le manteau (coat)	clandestinely, on the sly
le	sous-sol de la maison	the basement of the house
le	spleen, avoir …	to be melancholy
le	standard est ouvert	the switchboard is open
	tailler une veste *(jacket)* à quelqu'un	to run somebody down (behind their back)

Au septième ciel, être …   *On cloud nine, to be on …*

	tambour battant, il marchait ...	he was walking briskly
se	taper, elle peut toujours...	she knows what she can do...
se	taper la cloche *(bell)*	to feed one's face
	taper le carton	to play cards
un	taxi en maraude	a cruising/empty taxi
un	temple de la Finance	a temple to Money (!)
	têtu comme un âne	as stubborn as a mule
il	tient de justesse	it's only just holding
	tiré(es) à quatre épingles	dressed up to the nines, cf. *trente (below)*
à	tire-larigot, il téléphone ...	he telephones to his heart's content
un	topo sur quelque chose, faire ...	to give a rundown on something
	toucher un bon traitement	to get a good salary
	traverser la rue	to cross the road
à	travers la fenêtre, en regardant ...	looking through the window
son	trente et un, sur ... cf. tiré(es) *(above)*	dressed up to the nines
en	vaquant à ses occupations	pottering
	vendre la mèche (à propos de)	to spill the beans (about)
je	viens de l'apprendre	I've just learnt it

	viens voir mes estampes japonaises	come up and see my etchings
il	vient de vendre sa voiture	he's just sold his car
	voie de fait	assault and battery
ma	voiture a rendu l'âme	my car has given up the ghost
sa	voiture n'a pas de reprises	his/her car has no acceleration
une	voix dure et monotone	a hard monotonous voice
je	vous en prie	don't mention it (polite)
d'	yeux et d'oreilles, vous servir …	to be your eyes and ears

SECTION 2

TWINS, TRIPLETS, QUADRUPLETS

Try not to confuse 'un traiteur' : 'a caterer'
with 'un traître' : 'a traitor'

une	aisselle / la vaisselle	an armpit / washing up
un	aparté / un appartement	a private conversation / a flat, appartment
un	appentis / un apprenti	a lean-to, a penthouse (roof) / an apprentice
une	arête / un arrêt	a (fish) bone / a stop
les	articulations (nfpl) *sensibles*	*sensitive* joints
une	attache / les attaches	a string; clip, fastener / wrists and ankles
une	balade / une ballade	a walk, a stroll / a ballad
	balancer	1) to swing 2) to chuck (out) 3) to hesitate
une	balle, un ballon, une bille, un billot	a bullet, a (foot)ball, a marble, a block
	bavard(es) / baveux, -euse	talkative, chatty / dribbling
une	bière	1) a beer 2) a casket, a coffin
	bluffer	1) to bluff 2) to try it on, to fool, to have on
une	boîte	1) a box, a tin 2) a nightclub
la	bouche / bouché(es)	the mouth / cloudy, overcast; blocked
le	braille / brailler	Braille / to bawl, to howl, to yell
un	caban / une cabane / un cabas	a car coat, a reefer jacket / a hut, a cabin / a shopping bag

un	cageot / un cagibi	a crate / a boxroom, a glory hole
un	cahot / une cahute	a jolt, a bump / a hut, a shack
un	canular / une canicule	a hoax / a heatwave, scorching heat
le	choix / les choux (nmpl)	the choice / the cabbages
au	contraire / contrarier	on the contrary / to bother, to annoy, to vex and to alternate
les	coordonnées (nfpl)	1) coordinates, matching 2) contact details
une	cote / coté(es) (adj.) / une côte / un côté	a quotation / highly thought of / a rib / a side
le	cou / le coude	the neck / the elbow
une	dame / dames	a lady, a woman / draughts (the game)
un	départ	1) departure, launch 2) start 3) leaving
	dépêcher / se dépêcher	to despatch / to hurry
un	dessert / une desserte	a dessert, a pudding, a *sweet / a sideboard
une	digue	1) dike, dyke, sea wall 2) a barrier
un	dommage / dédommager	harm / to compensate
	entasser / une tasse	to pile up, to cram / a cup
le	fait / le faîte	the fact / the summit, the rooftop, the pinnacle (or height) of glory etc.

le	fer / le feu	iron / 1) fire 2) the late…(deceased)
	fixer	1) to fix 2) to stare
un	foret / une forêt	a drill / a forest
une	fourche	a fork, a pitchfork
une	futaie / une futaille	a cluster of (tall) trees / a barrel, a cask
la	gare / la guerre	the station / the war
	gaspiller / grappiller	to waste / to glean, to pick at, to nibble
un	goupil / une goupille. Bien / mal goupillé	a fox / a pin. Well / badly thought-out
un	grain / une graine	a grain, bean, bead / a seed
	guetter / gueuler	to watch, to lie in wait for / to shout, to yell
un	horaire / une horloge	a schedule, a timetable / a clock
l'	humeur (nf) / l'humour (nm)	(bad) mood / humour
	immobile(s) (adj.) / l'immobilier	motionless, still / the property business
	inspirer	1) to breathe in 2) to inspire
	jamais / à jamais	never / for ever
un	journal / une journée	a newspaper / a day
un	kaki / kaki (adj. inv.)	a sharon fruit, persimmon / khaki, olive drab
un	lapin / un lopin	a rabbit / a plot (of land)

les	lombes (nmpl)/un lombric	the loins/an earthworm
la	manche/la Manche	the sleeve/the English Channel
une	méduse/Méduse/méduser	a jellyfish/Medusa/to dumbfound, stupefy
une	mêlée/une mélopée	a fray, ruck, scrum/a chant, a recitative
la	mélisse/le réglisse	(lemon) balm/liquorice
un	mille/un million/un milliard	one thousand/one million/a billion
	morbide(s) (adj.)	1) morbid 2) soft
la	morgue	1) the morgue 2) arrogance, haughtiness
une	mouche/(se) moucher	a fly/to blow one's nose
un	mur/mûr(es) (adj.)	a wall/ripe
un	noyer/noyer/nouer	a walnut (tree)/to drown/to knot, to tie
un	objectif/objectif, -ive (adj.)	a (camera) lens/objective
	ou/où	or/where
un	panier à salade	1) a salad shaker 2) a Black Maria
une	partouze/partout	an orgy/everywhere, wherever
	pas mal/pas mal DE	not bad/many, several
un	passereau/une passerelle	a sparrow/a footbridge, a gangway
les	pâtes (nfpl)/pâté	pasta/paté
	pâtir/le patois	to suffer/(provincial) dialect

un pavot / pivotant(es)	a poppy / pivoting, revolving
la peine / à peine	sorrow, sadness / scarcely
une piste / un piston	the track, the trail / a cornet, a valve, string-pulling cf. piston (section 2)
une pivoine / un pivot	a peony / a pivot, a linchpin
la planche / la planque	the board / the hideaway
le plomb / une plombe / plomber	lead / an hour / to fill, to weight or seal with lead, to plumb
la poigne / poignardé(es)	the fist / stabbed
la poire / le poireau	the pear / the leek
la police / policé(es) / policer	1) the police 2) the policy / refined, polished / to civilize
une ponte / un ponte / ponter	laying, eggs, a clutch / 1) a bigwig 2) a punter / 1) to punt 2) to lay decking
la porte / porter	the door / to carry, to wear
un portefaix / un portefeuille	a porter / a wallet, a portfolio
un pote / un poteau	a pal, a mate, a buddy / a post
la poule	1) the hen 2) the pool, kitty
un poulpe / la poupe / une poupée	an octopus / the stern (naut.) / a doll
pousser / une poussette / la poussière	to push / a pushchair / dust
un poussin / poussif, -ive / un poussoir	a chick / wheezy / a button (door-bell)

	propre(s)	1) clean 2) (one's) own
la	propreté/la propriété	cleanliness/ownership, property
la	pub(licité)/le pub	advertising, publicity/the pub
une	punaise/punaiser	a bug, a drawing pin/to pin up
un	râle/un râle des genêts	a groan, a death rattle/a corncrake
un	rancard/(mettre) au rancart	a meeting, a date/to chuck out, to scrap
	recuit(es) (adj.)	1) sunburnt 2) deep-rooted
un	renard/renauder	a fox/to grouse, to grouch
	renier/renifler	to renounce, to disown/to sniff, to snort
un	renne/la rente cf. rente (section 1)	a reindeer/an annuity, pension, allowance
	repérer/répéter	to spot, to locate, to find/to repeat
la	rescousse/une secousse	rescue, aid/a jolt, a bump
la	retraite cf. retraite (section 6)	1) the retreat 2) retirement
un	rêve/revêche	a dream/surly, sour-tempered
une	rigole/rigoler	a channel, a furrow/to (have a) laugh
un	roitelet	1) a kinglet, a petty king 2) a wren
une	rue/une ruée	a road/a rush, a stampede

une	sangle/un sanglier/un sanglot	a strap/a (wild) boar/a sob
le	savon/savoir	soap/to know
le	seigle/le sigle	rye/initials, the acronym
la	Seine/une seine	the river Seine/a trickle
les	semailles (nfpl)/les semelles (nfpl)	sowing (period), seeds/soles (of shoes)
un	sentier/sentir	a (foot)path/to feel
la	sève/sévère(s)	sap, life, vigour/harsh, strict
un	siège	1) a seat 2) a siege
le	son/son	1) sound 2) bran/his, her, its
un	soupçon	1) a suspicion 2) a hint, a touch
un	squale/une squame/squameux, -euse	a shark/a scale/scaly
un	stade/un stage cf. stage (section 1)	a stadium, a stage/a training period
	stopper	1) to stop 2) to mend
la	suppression	deletion, removal, abolition, cancellation
le	tapis/tapisser	the carpet/to (wall) paper, to cover, to line
une	tasse/tassé(es)	a cup/settled, sunk, shrunken
la	terreur/terreux, -euse(s) (adj.)	terror, dread/earthy, muddy
une	tonne/ un tonneau	a (metric) ton/a barrel(ful), a cask(ful)

un	traiteur/un traître	a caterer/a traitor
le	vase/la vase	1) the vase 2) the mud
un	ver/vers/un vers cf. vers (section 1)	a worm, a maggot/ towards/a line

SECTION 4

LISTS

Dogs, computers, clothes and fashion:
whatever floats your boat

LES CHIENS

DOGS

un basset	a basset (hound)
un beagle, un briquet	a beagle
un barzoï, borzoï (lévrier)	a borzoi
un berger allemand, un chien-loup	an Alsatian, a German shepherd
un bouledogue	a bulldog
un briard, un chien de berger	a sheepdog
un cabot, un clébard, un clebs	a pooch, a mutt, a hound
un caniche (nain)	a (toy) poodle
un carlin	a pug (dog)
un chien d'aveugle	a guide dog
un chien de chasse	a gun dog
un chien courant	a (fox) hound
un chien d'arrêt	a pointer, a setter
un chien esquimau, un chien de traîneau	a husky
un chien de manchon (muff)	a lapdog
une chienne	a bitch
un chien policier	a sniffer dog
un chow-chow	a chow
un clébard, un corniaud	a mutt, a mongrel

un	cocker	a cocker spaniel cf. épagneul below
un	colley	a collie
un	dalmatien, une dalmatienne	a Dalmatian
un	(grand) danois	a Great Dane
un	doberman	a Doberman (pinscher)
un	épagneul	a spaniel
un	jeune chien, un chiot	a puppy
un	lévrier afghan	an Afghan hound
un	lévrier, une levrette	a greyhound
un	limier	a bloodhound
la	meute	the hounds, the pack
un	Pékinois	a peke, a Pekin(g)ese
un	petit chien d'appartement	a lapdog
un	pit bull, un pitbull	a pit bull (terrier)
un	Rottweiler	a Rottweiler
un	saint-bernard	a St Bernard
un	teckel	a dachshund
un	terre-neuve, un chien de Terre Neuve	a Newfoundland terrier
un	terrier à poils durs	a wire-haired terrier
un	toutou (langage enfantin)	a doggy (children's language, baby talk)

LA TECHNOLOGIE — TECHNOLOGY

	affiner la recherche	to refine one's search
l'	aide (nf)	help (!)
	ajouter un commentaire	add a comment
un	appareil photo(graphique) numérique	a digital camera
une	arrobase	the @ sign
la	barre de défilement	the scroll bar
le	clavier	the keyboard
	cliquer	to click
	cliquer deux fois (sur)	to double-click (on)
mon	compte	my account
	connecter	to log on
	copier-coller	copy and paste
	couper-coller	cut and paste
un	courriel (courrier électronique), un mail	email. *Tip: hyphens not accepted in some programs*
le	curseur (clignotant)	the (blinking) cursor
un	dièse	a hash (key) *(also a sharp – music)*
l'	écran	the screen
l'	expéditeur	the sender
un	fichier	a file
la	flèche lumineuse	the arrow cursor

un	internaute	a surfer on the (inter)net
le	jargon informatique	technical jargon
un	lien (d'hypertexte)	a link (of hypertext)
le	logiciel	software
un	mail/un courriel cf. courriel above	an email cf. émail (section 1)
un	mot de passe	a password
un	moteur de recherche	a search engine
le	navigateur	the browser
la	navigation sur internet	browsing the internet
la	navigation hypertexte	browsing hypertext
le	nom d'utilisateur	username
	numérique	digital
un	octet cf. octet (section 1)	a byte
un	ordinateur	a computer
la	page d'accueil (the page of welcome)	the home page
mon	panier	my basket
un	portable cf. mettre son… (section 2)	a mobile 'phone
une	recherche	a search
les	réseaux sociaux	the social networks
la	souris	the mouse (same as the animal)
	surfer sur le Net	to surf the (inter)net

	télécharger (légalement)	to download (legally)
	terminer votre inscription	*to confirm* your registration
la	toile	the web
la	touche de retour	the return/enter key
les	touches sur le clavier	the keys on the keyboard
le	traitement (de texte)	(word) processing

VÊTEMENTS ET MODE
CLOTHES AND FASHION

les	bas (résilles)	(fishnet) stockings
les	bas de contention/ antifatigue	support stockings
les	baskets	trainers
un	bouton	a button
une	botte (de caoutchouc)	a (Wellington) boot
une	canne	a (walking) stick
une	ceinture	a belt
un	chandail	a jersey, a jumper
un	chapeau	a hat
une	chemise *(note: feminine noun)*	a (man's) shirt
une	chemise de nuit	a nightdress
un	chemisier *(note: masc. noun)*	a (woman's) blouse
une	chaussure	a shoe

une	chaussette	a sock
un	col	collar
le	collant	tights
un	costume (rayé)	a (pinstripe) suit
une	cravate	a tie
un	déshabillé	a dressing gown/negligee
les	dessous (nmpl)	women's undergarments
en	deuil	in mourning clothes/ widow's weeds
	(fait) sur mesure	made-to-measure
un	faux-col	a detachable collar (for men)
le	fixe-chaussette	sock suspender
un	gilet (de laine)	a waistcoat (a cardigan)
une	grande cape	a cloak
une	grosse veste	a donkey jacket
un	habit (de soirée)	evening dress (man)
un	haut-de-forme	a top hat
une	houppelande	a cloak, a greatcoat
la	jarretelle	suspenders (for stockings)
une	jupe	a skirt
un	jupon	a petticoat
un	lacet	a shoelace
la	lingerie	underwear *(usually for women!)*

un	maillot de bain	a swimming costume/a swimsuit
une	manchette	a cuff (of a shirt)
un	manteau	a coat
les	pantoufles (nfpl)	slippers
un	parement	a cuff (of a coat), facing
un	peignoir	a (towelling) dressing gown
une	pèlerine	a (half-length) cape
la	(petite) culotte	pants, knickers
un	porte-jarretelles	a suspender belt
une	queue de pie	tails (evening wear)
une	robe	a dress, a frock
une	robe de chambre	a dressing gown
la	robe du soir	evening dress (women)
un	sac (à bandoulière)	a shoulder bag
un	sac (à main)	a handbag
un	short	shorts
le	slip	briefs, trunks, boxer shorts
les	sous-vêtements (nmpl)	underwear
un	soutien-gorge	a brassière: *this latter is a baby's vest*
un	talon (aiguille)	a (high) heel (stiletto)
la	tenue de soirée	evening dress (men)
les	tongs (nfpl)	flip-flops – I love this one

un	tricot (de corps)	a jersey, a jumper (a vest)
une	tunique (d'écolier)	a gym slip
une	veste	a jacket *(NB this is another 'false friend')*
un	voile	a veil
une	voilette	a veil (on a hat)

SECTION 5
MISCELLANEOUS

'To quack' translates as 'faire coin-coin'

	aboyer, barrir, bêler, braire, chevroter, crier	to bark, trumpet, bleat (sheep), bray, bleat (goat), squeal
un	air nerveux	an 'angry' air *not* 'nervous' air
une	apostrophe	an apostrophe *but also* a rude remark
	apostropher	to harangue, to hurl abuse, to shout at
un	appareil-photo numérique	a digital camera
une	arrière-pensée	an ulterior motive *not* an afterthought
les	articulations sensibles	sensitive, *not* sensible, joints
	avertissement, lancer un	to sound a note of *warning*
le	beau-frère, la belle-mère	the in-laws (not necessarily beautiful!)
il a	bien fait/c'est bien fait pour lui	*take care here:* he did well/it serves him right (a big difference)
mes	coordonnées	my (contact) details
la	cornemuse (singular)	bagpipes (in the plural)
un	courriel, un mail	an email cf. courriel in Lists (section 4)
un	couteau, une fourchette, une cuillère	a knife, a fork, a spoon
en	définitif, -ive	eventually, in fact, when all is said and done
le	démon de midi	lust

	desservie(s) see gares (below)	served (not unserved)
un	deux-points	a colon
	ensuqué(es)	droopy
un	entrefilet	a paragraph
	europe1.fr LW 185 *radio from Paris*	amusing and informative
les	événements (de 1968)	left-wing riots with paving-stones
un	examen minutieux de conscience / très émouvant(es)	soul-searching / soul stirring
	faire coin-coin, glousser, hennir, meugler, miauler, siffler	to quack, cluck, neigh, moo, mew, hiss
une	faute d'orthographe	a spelling mistake
	fou, insensé, effréné, fêlé, furieux, enragé, dingue, mordu, louf(oque), fâché, emporté, toqué, sonné	mad
	gares desservies	stations served *not* 'out of service'
un	grain de	'un grain' is a grain, a bean, a bead but 'un grain de' is 'a touch of'
	Grande Bretagne et Bretagne (geographical)	Sorry to say the Great in Great Britain is more geographical than descriptive

la	hâte : haste	an *aspirate** H use le/la not l'
en	haut, en bas	on high, below
l'	*heure* de fermeture (closing time)	Not: le *temps* de fermeture
à	jamais/jamais	for ever/NEVER
	janvier, février, mars, avril, mai, juin, juillet, août, septembre, octobre, novembre, décembre	January, February, March, April, May, June, July, August, September, October, November, December
une	lettre de château	a thank-you letter (I like this one!)
le	lundi, mardi, mercredi, jeudi, vendredi, samedi, dimanche	Monday, Tuesday, Wednesday, Thursday Friday, Saturday, Sunday
	mal/PAS mal DE	bad/LOTs of
les	montres numériques	digital watches
	numérique	digital

---

* H aspiré (aspirated hard H): use le/la in full
H muet (soft H): you must use l' with noun

For details visit: 'french.about.com' and see
Acknowledgements: Laura K Lawless

Examples:
la hâte (H aspiré)
l'histoire (H muet)

Compare the pronunciation of H in these English words:
Happy, hilly, honey (aspirate H)
Hour, honour, honesty (soft H)

In English we sound the H in words like 'home' and 'hug' but not in 'hour'
But in French, the H is never sounded, whether H aspiré or H muet

un	octet (computer term not music)	a byte
un	ouvrier qualifié	a skilled worker
un	ouvrier spécialisé	An UNskilled or SEMIskilled worker
se	pacser	to enter into a civil partnership
le	pâté : paté/les pâtes : pasta	it helps to know the difference here
un	pâtre	a shepherd *not* a pastor
une	personne	in spite of the 'une', personne can be male
un	point-virgule	a semi-colon
un	pourboire	literally: 'for a drink': a tip
un	pousse-pousse	a rickshaw
une	presqu'île	a peninsula
	Prière de faire suivre	Please forward – on postcard or letter
	quand même/quand même !	all the same/I ask you!
	recuit(es) (adj.)	sunburnt, deep-rooted (*not* recooked)
la	récupération (good/bad)	retrieval, recovery/takeover, hijacking
	(reprendre) du poil de la bête	to pick up (again), to regain strength, *not* a hair of the dog

en	revanche / par contre	*both mean*: on the other hand
un	rond-de-cuir (literally: a leather-bottom)	a pen-pusher
	sauve, je me…	I make myself scarce
	signalé, on m'a …	I've been told that …
	souligner / surligner	to underline / to highlight
un	sous-verre	a clip-frame *not* a coaster beer mat
la	supercherie	*sounds nice – but means* 'trick / trickery'
le	supplice de Tantale, c'est…	it's so frustrating
	sur le feu (lit. : on the fire)	in the pipeline
une	surtaxe	a surcharge *not* supertax
un	tapis-brosse	a doormat *not* a carpet brush
	terminer votre inscription	confirm (*not* end) your subscription
	tomber (to fall) des nues (from the skies)	to be taken aback, to be flabbergasted
les	tongs (nfpl)	flip-flops (!), thongs, USA
en	train de	(in the middle of) doing something
	tout à fait	absolutely, definitely
	trop 'top', il est … (*pronounce the p in top*)	he's a top guy / a top geezer
	UN Américain tranquille	no such word as 'tranquil' in French

	un, deux, trois, quatre, cinq, six, sept, huit, neuf, dix	one, two, three, four, five, six, seven, eight, nine, ten
la	une/une	the front page, the headlines/one
un	verre Note: masculine in spite of the 'e'	*don't make French waiters sigh*
un	vers/en vers	a line/in verse cf. vers (section 1)
la	vie est une chienne, et puis on meurt	life's a bitch, and then we die
je	viens de …	I have just …
à	vive allure	at high speed (*not attractiveness*)
une	virgule	a comma *and* a decimal point

SECTION 6

ENGLISH TO FRENCH PHRASES

To potter : vaquer à ses occupations paisibles

Entries in bold are illustrated by Harry Parke

to	accept a challenge	relever le défi
he	agreed with them	il leur donna raison
to	allay suspicion	donner le change
	allocated to his protection	affecté à sa protection
	all's well with the world, today	tout va bien, aujourd'hui
	another think coming, you've got …	là tu te fourres le doigt dans l'œil
to	arrive at one's goals	pour aboutir à ses fins
to	ask for the moon	demander la lune
an	athletic build, he has…	il est taillé en athlète
the	best and the worst	le meilleur et le pire
the	biggest circus in the world	le plus grand chapiteau du monde
a	bit OTT (over the top)	un peu exagéré(es)
in	black and white, put it down …	mets-moi ça noir sur blanc
a	blue-arsed fly, to run about like …	courir dans tous les sens
I'm	blue in the face, I've told you until …	je me tue à te le dire
a	bolt from the blue	un coup de tonnerre
to	**breathe one's last**	rendre le dernier soupir (sigh)
to	bring up the rear	fermer la marche

To breathe one's last *Rendre le dernier soupir (sigh)*

a	budding poet	un poète en herbe
a	bull's-eye, to score …	faire mouche
I'll	buy you dinner	je t'offre un bon dîner
to	bypass orders	forcer la consigne
a	cashew nut	un anacarde (une noix de cajou)
	chalk and cheese, they're like …	ils sont comme l'eau (nf) et le feu
to	clap one's hands	frapper dans les mains
to	clear one's throat	se racler la gorge

a	clever-clogs, to be …	être un peu trop futé
a	cloak-and-dagger affair	une affaire clandestine
a	close call	je l'ai échappé belle
to	clown around	faire le pitre
it	cost a bomb	ça a coûté les yeux de la tête
a	couple of crocks	un couple de croulants
a	couple of crooks	deux félons
to	cross the boundaries	dépasser les bornes
	cold feet, to get …	hésiter (à faire quelque chose)
to	court disaster	aller au casse-pipe
the	dawn broke	le petit jour parut
to	lend a helping hand	mettre la main à la pâte
a	disaster area	une zone sinistrée
	disaster victims	les personnes sinistrées
	don't mention it (polite)	je vous en prie / je t'en prie
	don't trust him	ne lui faites pas confiance
to	download a song	télécharger une chanson
	draughts, to play (at) …	jouer aux dames
	dressed up to the nines	tiré(es) à quatre épingles
to	eat like a horse	manger comme un ogre
an	estate agent	un agent immobilier

an	estimate free on request	un devis gratuit sur demande
to	fall out with somebody	avoir un désaccord avec quelqu'un
	fare-dodging	le resquillage
	fat chance!	aucune chance !
	fed up with it, I was …	j'en avais marre/j'en avais ras-le-bol
a	financial shark	un requin de la finance
to	fire the imagination	frapper l'imagination
the	first and last time	la première et la dernière fois
	flabbergasted, he was …	ça lui en a bouché un coin
	flinched, he …	il accusa le coup
to	fly off the handle	prendre le mors *(bit)* aux dents
a	fresh and windy day	un jour frais et venteux
a	frosty reception	la soupe à la grimace
to	get a move on	mettre le grand braquet *(high gear)*
a	good/bad start	un bon/mauvais départ
	groggy, to be a bit …	être dans le cirage *(wax)*
	grub's up!	à la soupe !
	hale and hearty, to be …	être en pleine santé
	half-heartedly (without enthusiasm)	sans entrain
	hard on his heels, I was…	je lui ai emboîté le pas

hard on somebody's heels, to be ...	filer le train à quelqu'un
harmful effect	un effet délétère
he has it in for me	il m'a dans le nez
the headlines, to make ...	faire la une
a hearing aid	un appareil auditif
a heated debate	un débat houleux
a heated exchange	une passe d'armes
a hill start (in car)	un démarrage en côte
to hit home	faire mouche
to hit the plastic	utiliser les cartes de crédit
hollow words	des paroles creuses
a huge hunger	une énorme fringale
a hundred smackeroonies	cent livres (*pounds as in money*)
the hundredth time	la centième fois
insufferably smug	d'une suffisance insupportable
in intensive care	en unité de soins intensifs
joking, I was only ...	ce n'était qu'une plaisanterie
keep calm and carry on	gardez le calme et passez outre (!)
to kick the bucket, to snuff it	casser sa pipe
the knack, to have ...	avoir le coup de main
a large order	une commande importante

to	laugh oneself silly	rire comme une baleine
to	laugh up one's sleeve	rire sous cape
he	leapt up	il se dressa d'un bond
to	learn by heart	apprendre par cœur
	leave me alone, get off my back	lâche-moi les baskets *(trainers)*
a	**life lived in the shadows**	une vie passée dans l'ombre
a	life peer	un pair à vie
a	life-sized picture	un portrait grandeur nature

A life lived in the shadows   *Une vie passée dans l'ombre*

to	lose touch with somebody	perdre qn de vue
as	**mad as a bag of snakes**	fou à lieu
a	magical cure	de la poudre de perlimpinpin
to	make faces at somebody	faire des grimaces à quelqu'un
	mind your own business!	occupez-vous de vos oignons !
a	mischievous imp	un lutin mutin
to	murder the French language	parler français comme une vache espagnole
a	narrow-minded person	une personne à l'esprit étroit
a	near thing	il s'en est fallu de peu

As mad as a bag of snakes   *Fou comme un sac de couleuvres*

the	nick of time, to escape in …	échapper de justesse
to	nod off (during a meal)	piquer du nez dans son assiette
his	nose to the grindstone, he's keeping	il travaille sans répit/relâche
	once in a blue moon	tous les trente-six du mois
I	only like cereal in the morning	je n'aime que la céréale au matin
	over the moon, to be …	être aux anges
	pacing up and down	en faisant les cent pas
a	paragon of virtue	un modèle (un parangon) de vertu
	pearls before swine, to cast …	donner des perles aux pourceaux
	perfect pitch, to have …	avoir l'oreille absolue
	petty pilfering	chapardage mesquin
	pitch-black	noir comme du charbon
a	pivotal role	un rôle essentiel
	plum jam	confiture de prunes
the	post 68 generation (cf. événements (sect.5)	les post-soixante-huitards
to	potter	vaquer à ses occupations paisibles
	preaching to the converted, you are …	tu prêches à un converti
the	problem bugging me	le problème qui me turlupine

to	protect oneself (against)	se prémunir (contre)
to	pull it off	réussir un bon coup
to	push ahead with	faire avancer à grands pas
to	put to bed (a newspaper)	mettre sous presse
to	raid the fridge	dévaliser le réfrigérateur
	rampant pessimism	la sinistrose
a	reject, an unsold item	un laissé-pour-compte
to	reply sharply, at once	répondre du tac au tac
	resolutely	de pied ferme
a	retreat, to go on ...	faire une retraite
I	returned his visit	je lui ai rendu sa visite
a	rib-tickling joke	une blague/une plaisanterie tordante
a	scapegoat, to make somebody ...	faire de quelqu'un un bouc émissaire
to	scarper, to skedaddle	prendre la poudre d'escampette
to	scrape one's knees	s'écorcher les genoux
to	screech to a halt (a car)	freiner pile
I	screech off (in car)	je démarre sur les chapeaux de roues
a	second-best/stopgap solution	un pis-aller
the	secret he held	le secret qu'il détenait
	see you soon!	à bientôt !

	semantics, you're playing ...	vous jouez sur le mots
to	shoulder the burden	charger sur son épaule, endosser
to	sing in tune	chanter juste
a	sizeable Italian community	une importante communauté italienne
all	skin and bone, to be ...	n'avoir que la peau sur les os
	skinny-dipping	baignade à poil
the	skin of one's teeth, to escape by ...	l'échapper belle
to	slap somebody in the face	flanquer une gifle à quelqu'un
to	sleep soundly	dormir sur les deux oreilles (*on both ears*)
a	slight limp	une légère claudication
it	smacks of prejudice	ça a des relents de préjugé
	snouts in the trough	groins (!) dans l'auge (nf)
the	sooner the better	le plus tôt serait le mieux
to	sound the alarm	donner l'alarme
a	splitting headache	un mal de tête carabiné
to	spread one's wings	déployer ses ailes
to	stamp one's foot	frapper du pied
	standing on my head, I could do it ...	je le ferais les doigts dans le nez

to	stare somebody in the face	dévisager qn
to	steal a march on somebody	gagner / prendre quelqu'un de vitesse
a	stony stare	un regard glacial
to	submit (to something)	plier / courber l'échine *(the spine)*
	sulky, they were ...	ils se battaient froid
to	swallow an affront	avaler des couleuvres *(to swallow snakes)*
to	tailgate another vehicle	coller au train d'(un véhicule)
	tea and sympathy	le thé et la compassion
	telling you, I'm ...	puisque je vous le dis
	tempting fate	tenter le sort
in	ten minutes time	d'ici dix minutes
on	tenterhooks, to be ...	être sur le gril
a	thick skin, to have ...	avoir une peau d'éléphant
a	**time for reflection**	un temps pour la contemplation
he	told him to drive off	il lui a demandé de démarrer
a	tongue-in-cheek remark	une remarque ironique
a	tree battered / lashed by the wind	un arbre battu par les vents
it's	uncle Ben on the line	c'est l'oncle Ben à l'appareil
	understood, he was never ...	il fut un grand incompris

A time for reflection *Un temps pour la contemplation*

an	unpalatable truth	une vérité désagréable à entendre/dure à digérer
a	vengeance, with …	pour de bon
to	vent one's spleen	décharger sa bile
the	war to end all wars	la 'Der des Ders' (*from* 'dernière – *last*')
	wavelength, on the same	sur la même longueur d'ondes
	well-kept gardens	jardins bien entretenus

	when push comes to shove	le moment venu
he	whistled to his dog	il a sifflé son chien
	who ate all the pies?	qui a mangé toutes les tourtes ?
	worry about it, don't …	t'en fais pas
to	worship Mammon	adorer le Veau d'or
the	writing is on the wall	l'issue est inéluctable
	writer's block	la hantise de la page blanche
	wry amusement, to listen with …	écouter d'un air amusé et narquois
the	yellow brick road	la voie du succès

PART TWO

THOUGHTS AND SAYINGS

PENSÉES
(with apologies to Blaise Pascal)
ET DICTONS

'Life is what happens when you're planning something else'

There are so many references to love in these sayings that I am reproducing here thoughts on the subject by kind permission of their author: Simon Parke: www.simonparke.com

It's true that we love in different ways, and we could name eight here. There's Affectionate love, for instance, towards familiar figures in our lives, perhaps family; or Friendship love, based on companionship and shared values.

Then there's Romantic love, rooted in emotional connection, and Sexual love, stirred by physical beauty and desire. Pragmatic love is less emotional. It has a list of things it wants, and seeks a partner who'll provide them, while Obsessive love is an unhealthy preoccupation with one person.

Game love has no desire for intimacy; the fun is in the conquest, while Charitable love is love which gives selflessly to another, seeking nothing in return.

Blaise Pascal: A drop of love is worth more than a sea of good will and reason
Une goutte d'amour vaut plus qu'une mer de bienveillance et de raison

You cannot teach an old dog new tricks
On n'apprend pas à un vieux singe à faire des grimaces

To each his own
Chacun voit midi à sa porte

Slow and steady wins the race
Rien ne sert de courir, il faut partir à point

If it ain't broke, don't fix it
On ne change pas une équipe qui gagne

Nothing weighs more heavily than a secret
Rien ne pèse autant qu'un secret

Talleyrand: We were given speech to hide our thoughts
La parole a été donnée à l'homme pour déguiser sa pensée

Boileau: A fool can always find a greater fool to admire him
Un sot trouve toujours un plus sot qui l'admire

Pride is the consolation of the weak
L'orgueil est la consolation des faibles

Charles de Foucauld: Our love is most intense in silence
Notre amour est plus fort dans le silence

Rabindranath Tagore: Power we can obtain through knowledge; but fulfilment we will only reach through love.
On peut obtenir le pouvoir avec le savoir; mais on n'obtient pas un sentiment de plénitude sans amour

Lucy Gent: Mind the snowdrops underfoot
Faites attention aux perce-neiges sous les pieds

Allister Bain: Turn a problem round and be in the place of no difference
Retourne le problème et reste au point d'équilibre

Albert Schweitzer: There are two means of refuge from the miseries of life: music and cats.
Il y a deux moyens d'oublier les tracas de la vie: la musique et les chats

The more things change, the more it's still the same old thing
Plus ça change, plus c'est la même chose

To understand everything is to forgive everything
Comprendre tout c'est pardonner tout

If you suffer self-doubt, look at others
Si vous doutez de vous, regardez les autres

Politics: the art of making States last
La politique, c'est l'art de fait durer les États

If you are sad, get up in the morning and go to bed at night
Si tu es triste, lèves-toi le matin et couches-toi la nuit

All it takes for evil to flourish is for good men to do nothing
Pour triompher, le mal n'a besoin que de l'inaction des gens de bien

Martin Luther King: Power without love is reckless, and love without power is sentimental and anaemic
Le pouvoir sans amour est irresponsable, et l'amour sans le pouvoir est sentimental et anémique

There's a thin line between genius and madness
Il y a une ligne mince entre le génie et la folie

You may say that – I couldn't possibly comment
Vous pouvez le dire – c'est impossible pour moi de commenter

Adrian Mitchell: Let's try one hundred years without any wars at all – and see if it works
Essayons cent ans sans aucune guerre – voyons si ça peut réussir

When you're in a hole, stop digging
Quand tu es dans un trou, arrête de creuser

Love makes for life's sweetest pleasures and worst misfortunes
L'amour fait les plus grandes douceurs et les pires infortunes de la vie

Nelson Mandela: It is never my custom to use words lightly
Ce n'est pas ma coutume de parler à la légère

Love can make us vulnerable
On est bien faible quand on est amoureux

Einstein – I cannot imagine a God who rewards and punishes the objects of his creation
Je ne peux pas imaginer un Dieu qui récompense et punit les objets de sa création

Without music, life would be a mistake
Sans la musique, la vie serait une erreur

Andrew Logan: Embrace the moment – smile
Embrassez le moment – souriez

Oscar Wilde: The good end happily and the bad unhappily – that's what fiction means
Les bons finissent bien et les mauvais finissent mal – c'est ça la fiction

von Droste-Hulshoff: The more we love another, the fewer words we need
Le plus grand notre amour, le moins de paroles on a besoin

Isabelle Roux: The unspoken words are the flowers of silence
Les mots non dits sont les fleurs du silence

Anton Chekhov: My religion is kindness
Ma religion c'est la gentillesse

If you loved me, and if I loved you, how I would love you!
Si tu m'aimais, et si je t'aimais, comme je t'aimerais !

Life is what happens while you're planning something else
La vie est ce qui se passe quand on pense à autre chose

Nothing is real but dreams and love
Il n'est rien de réel que le rêve et l'amour

There is only one happiness in life, to love and be loved
Il n'y a qu'un bonheur dans la vie, c'est d'aimer et d'être aimé

Tomorrow is another day!
Meilleure chance demain !

Kris Kristofferson: Freedom's just a word for nothing left to lose
La liberté n'est rien d'autre qu'un mot signifiant qu'il n'y a plus rien à perdre

Try not to rush – savour each day
Essaie de vivre lentement – savoure chaque jour

I've been rich and I've been poor – rich is better
J'ai été riche et j'ai été pauvre – riche c'est mieux

John Donne: No man is an island …
Nul homme n'est une île …

Birds of a feather flock together
Qui se ressemble, s'assemble

Christopher Morley: The purpose of books is to trap the mind into doing its own thinking
L'objet des livres est de pousser l'esprit à penser pour lui-même

Peadan Ó Riada: In the now, love is all
Dans le maintenant, l'amour est tout

Building takes years – destruction seconds
Construire prend des années – la destruction des secondes

Trust your molecules
Fiez-vous à voz molécules

The politics of envy – why not?
La politique de l'envie – pourquoi pas ?

Today is the first day of the rest of your life
Aujourd'hui c'est le premier jour du reste de ta vie

Oscar Wilde: We are all in the gutter but some of us are looking up at the stars
Nous sommes tous dans le caniveau mais certains d'entre nous regardent les étoiles

Until one has known the love of an animal a part of one's soul remains unawakened
Tant qu'on n'a pas connu l'amour d'un animal, une partie de l'âme reste endormie

Pauline Melville: Imagination is the key
L'imagination c'est la clef

John Bosco: To love means to seek the other's happiness
Aimer c'est chercher le bonheur de l'autre

War does not decide who is right – only who is left
La guerre ne décide pas qui a raison – seulement qui est épargné

The power of the imagination makes us infinite
Le pouvoir de l'imagination nous rend infinis

Jean-Paul Sartre: Words are loaded pistols
Les mots sont des pistolets chargés

An image is worth a thousand words
Une image vaut mille mots

Being unhappy isn't all bad – it shows you have a soul
Être malheureux n'est pas si mal – ça montre la présence d'une âme

Oscar Wilde: Patriotism is the last refuge of the scoundrel
Le patriotisme c'est le refuge final du vaurien

Dr Johnson: He who makes a beast of himself gets rid of the pain of being a man
Celui qui fait une bête de lui-même se débarasse de la douleur d'être un humain

The tongue is mightier than the blade
La langue est plus forte que la lame

Where there's life, there's hope
Tant qu'il y a de la vie, il y a de l'espoir

Better to die misunderstood than to spend your life making excuses
Mieux vaut mourir incompris que passer sa vie à s'expliquer

When you point at somebody, four fingers are pointing at yourself
Quand tu montres quelqu'un du doigt, quatre doigts sont braqués sur toi

Silence is a friend that will never betray you
Le silence est un ami qui ne trahit jamais

Keep calm – anger is not an argument
Gardez le calme – la colère est mauvaise conseillère

Lying requires a good memory
Mentir demande une bonne mémoire

The keyboard is mightier than the gun
Le clavier est plus fort que le revolver

Every statement implies its opposite
Chaque énonciation suggère son contraire

He could have destroyed me with a word – but he smiled at me
Il aurait pu me détruire d'un regard – mais il m'a souri

Liberace: If somebody doesn't like me, I just keep on until they do
Si quelqu'un ne m'aime pas, je le harcèle jusqu'à ce qu'il change d'avis

If none were discontented with what they have, the world would never reach anything better
Si tout le monde était content de son sort, le monde ne deviendrait jamais meilleur

Ralph Waldo Emerson: Concentration is the secret of strength
La concentration est le secret de la puissance

Rumi: Silence is the language of God – all else is poor translation
Le silence est la langue de Dieu – toute autre chose est piètre traduction

Salif Keita: Down with violence, egoism and despair, stop pessimism
À bas la violence, l'égoïsme et le désespoir, arrêtons le pessimisme

Jonathan Cainer: Even the most frightening authority figure began life with a nappy and a rattle
Même la figure de l'autorité la plus effrayante a commencé la vie avec une couche et un hochet

Time for trouble when trouble comes
On verra en temps voulu

Dumas: Pure love and suspicion cannot dwell together: at the door where the latter enters, the former makes its exit
L'amour pur et le soupçon ne peuvent coexister: quand ce dernier entre, le premier s'en va

If your friends nag you, ask yourself why
Si vos amis vous houspillent, demandez-vous pourquoi

Simon Parke: If the truth won't rhyme, do you go for the rhyme or the truth?
Si la vérité ne rime pas, choisissez-vous la rime ou la vérité?

Bruce Kent: Even young women stand up and give me their seat on the tube
Même les jeunes femmes m'offrent leur siège dans le métro

An over-flowery compliment is actually an insult
Un compliment excessif est en fait une insulte

Samuel Beckett: You are on earth, there is no cure for that
Vous êtes sur terre, il n'y a pas de remède pour ça

Dante: It is sour, the charity of strangers
Il est amer, le pain de l'étranger

If you tell a pedant you were knocked down by a blue car he will tell you it was a red one
Si tu dis au pédant qu'une voiture bleue t'a fauché, il te dira qu'elle était rouge

While you're counting your money, you're not earning it
Pendant que vous comptez votre argent, vous ne le gagnez pas

Roy Croft: I love you not for what you are but for what I am when I am with you
Je ne t'aime pas pour ce que tu es mais pour ce que je suis quand je suis avec toi

We're never quite as good, or quite as bad, as we sometimes think we are
Nous ne sommes jamais aussi bons ou aussi mauvais que nous ne le pensons parfois

The devil soon finds work for idle hands
L'oisiveté est la mère de tous les vices

Simon Parke: Life is an adventure (of reinventing and becoming)
La vie est une aventure (de réinvention et de devenir)

It's not easy being a human being
Être humain n'est pas facile

Happiness is a good pair of shoes and a good bed – you'll always be in one or the other
Le bonheur est une bonne paire de chaussures et un bon lit – on utilise toujours l'une ou l'autre

Gandhi: Anger is the enemy of non-violence, and pride is a monster that swallows it up
La colère est l'ennemi de la non-violence, et l'orgueil est un monstre qui l'anéantit

The mass of men live lives of quiet desperation
La plupart des hommes vivent des vies de désespoir tranquille

Salif Keita: Let's pick ourselves up. Nature has given us extraordinary things
Reprenons-nous. La nature nous a donné des choses extraordinaires

Allister Bain: If trouble comes say: Listen! I'm not at home!
Si les ennuis arrivent, dites: Écoutez ! Je ne suis pas chez moi !

Truth is more valuable if it takes you a few years to find it
La vérité vaut bien qu'on passe quelques années à la chercher

To win without risk is to triumph without glory
À vaincre sans péril on triomphe sans gloire

He who flatters his superiors betrays them
Quiconque flatte ses maîtres les trahit

Time is a great teacher, it's sad that it kills all its students
Le temps est un grand maître, le malheur est qu'il tue ses élèves

The greatest thoughts come from the heart
Les grandes pensées viennent du cœur

Criticism is easy, art is difficult
La critique est facile, l'art est difficile

If it's for you, it won't pass you by
Si c'est pour toi, ça ne te ratera pas

Thomas Carlyle: Speaking is the art of stifling and interrupting thought
Parler est l'art d'étouffer et d'interrompre la pensée

William Blake: The road of excess leads to the palace of wisdom
La route de l'excès mène au palais de la sagesse

Every cloud has a silver lining
À quelque chose malheur est bon

One can't see the wood for the trees
L'arbre cache souvent la forêt

Times change
Autres temps, autres mœurs

No doubt the universe is unfolding as it should
Sans doute l'univers se déroule comme il faut

Visitors and fish both stink after three days
Les visiteurs et le poisson puent après trois jours

The world is becoming a kinder place
Le monde devient un lieu plus doux

Let your learning sit lightly upon you
Ne faites pas étalage de votre savoir

Ogden Nash: You're only young once but you can stay immature indefinitely
Vous êtes jeune seulement une fois mais vous pouvez être immature à jamais

Less is often more
Moins peut être plus

Be careful what you want: you may well get it
On doit faire attention à ce qu'on veut: ça peut bel et bien arriver

Machiavelli: Keep your friends close, and your enemies even closer
Machiavel: Garde tes amis près de toi, et tes ennemis plus près encore

Chinese proverb: Paper can't wrap up fire
Le papier ne peut pas emballer le feu

An investment in knowledge pays the best interest
L'investissement dans l'éducation paie le meilleur intérêt

Jonathan Clatworthy: Our differences of opinion are signs of maturity
Nos différences d'opinion sont des signes de maturité

Desperate times need desperate measures
Aux grands maux les grands remèdes

Strike while the iron's hot
Battez le fer pendant qu'il est chaud

No sooner said than done
Aussitôt dit, aussitôt fait

Eric Cantona: The seagulls follow the trawler (hoping for fish)
Quand les mouettes suivent un chalutier, c'est qu'elles pensent qu'on va leur jeter des sardines

Oscar Wilde: Your real life is often the one you do not live
La vraie vie est souvent celle qu'on ne vit pas

May bubbles of happiness rise in your mind
Que des bulles de bonheur te montent à l'esprit

Troll, troll, go away; don't come back another day
Troll, troll, va-t-en; ne reviens pas

Timothy: The love of money is the root of all evil
L'amour de l'argent est la racine de tous les maux

Hafiz: Stay close to any sounds that make you glad to be alive
Restez proches des sons qui vous rendent heureux d'être en vie

Samuel Beckett: Try again. Fail again. Fail better
Essayer encore. Rater encore. Rater mieux

Hélène d'Heur: If you no longer have the strength to fight, take my hand, I shall be there
Si tu n'as plus la force de te battre, prends ma main, je serai là

Et pour finir, le maître lui-même :

Blaise Pascal :

And to finish with le maître himself:

N'importe quel idiot peut être compliqué; être simple a besoin de temps et de génie
Any fool can be complicated; but being simple takes time and genius

LE SUBJONCTIF – C'EST BEAU

THE BEAUTIFUL SUBJUNCTIVE

Le beau subjonctif – qu'il vous apporte le plaisir

Don't be scared of the subjunctive – French subjunctives are beautiful, and easier to pick up than one may imagine.
Les subjonctifs sont beaux, et plus facile à apprendre que vous ne le pensiez.

A French subjunctive verb is usually preceded by 'que'…
(a bit of a clue here)

Nobody gets very far by sitting down to dry lists of subjunctive or any other kind of words. I recommend reading good French books that contain plenty of subjunctives. Anatole France is an excellent example: not only does he use a subjunctive in almost every other sentence, he is also a delight to read.

His subject matter is lively and amusing with a gentle but perceptive humour; for instance, his elderly character, M. Sylvestre*, claims to fear both his housekeeper and his dog. Being an unusually kindly old gentleman, he often puts the needs of his dog before his own. And when he tells his housekeeper he is leaving for B. he feels hurt that she does not react: "What, no tears, no entreaties to stay?" It turns out that she has not understood that B. is a long way off, and merely asks him at what time he would like his supper.

You will soon start to recognize and enjoy his subjunctives, some of the most beautiful and colourful words in the French language.

The following phrases contain commonly used French subjunctives:

qu'on n'*essaie* pas de parler fort	let nobody try to speak loudly
que ce sentiment s'*efface*	let this feeling go away
c'est bien qu'il le *sache*	it's good that he should know
avant qu'il ne *puisse* le dire	before he could say it
il veut que rien n'*aille* contre eux	he wishes that nothing may go against them
avant qu'il ne se *mette* à chanter	before he could start singing
il avait voulu qu'il *restât*	he had wanted him to stay

* "Le crime de Sylvestre Bonnard" by Anatole France.

qu'elle *prenne* de ses nouvelles	that she may be able to find out his/her news
comme s'il *eût* songé	as though he had dreamt
comme s'il *eût* deviné mon nom	as though he had guessed my name
je ne ferai rien qui *puisse* les réveiller	I won't do anything that may wake them
comme s'il *eût* préféré partir	as though he had wanted to leave
voulez-vous que je le *rappelle* ?	would you like me to recall him?
avant que je ne *puisse* dire oui	before I could say yes
elle s'assura qu'il *portât* une canne	she saw to it that he carried/used a stick
afin qu'ils *disparaissent* de sa vue	before they could disappear from view
que mes éloges ne l'*empêchent* pas	that my praise should not stop him
l'acte le plus courageux qu'il *ait* jamais fait	the most courageous act he may ever have done
étonné qu'il *comprît* l'anglais si mal	astonished that he understood so little English
le plus grave était qu'il le *prétendît*	the worst was that he could claim it
c'est possible qu'il ne *revienne* jamais	it's possible that he may never return
l'adepte dont la ferveur *égalât* la mienne	a fan whose enthusiasm could equal my own

je trouvais normal qu'on l'*ignorât*	I found it normal that it was unknown
de sorte que sa tête seule *émergeât*	so that only his head could show
ces instants, si bref *fussent*-ils	these moments, however brief
il faut que vous *regagniez* votre maison	you should go back to your house/home
aussi étrange que cela *puisse* paraître	as strange as this may seem
le fait qu'ils *fussent* enfermés	the fact that they may have been locked in
avant qu'elle ne se *décide* à …	before she could decide to …
pour que tout cela se *fasse*	so that all this could come to pass
quel qu'en *soit* le prix	whatever the price may be
si vous m'*aidiez*	if you can help me
les gens qui le *bâtissent*	the people who may build it
avant qu'il ne *vînt*	before he arrived
je craignais qu'il ne *fût* dangereux	I feared he could be dangerous
toutes ces choses qu'on *raconte*	all the things that may be told
la seule chose dont je me *souvienne*	the only thing that I may remember
le moins qu'on *puisse* dire	the least that one can say
avant qu'il ne *soit* trop tard	before it may be too late

pour qu'il *puisse* respirer l'air frais	so that he could breathe pure air
avant que *résonne* le coup de sifflet	before the whistle blew
il suffisait qu'il *décidât*	it was enough that he could decide
avant qu'il ne se *mette* à courir	before he could begin to run
j'aurais voulu qu'il *puisse* comprendre	I would have liked him to understand
j'ai attendu qu'elle s'*endormît*	I waited until she was asleep
qu'il s'*agisse* d'une femme heureuse	that it were about a happy woman
sans que rien de mal ne lui *arrive*	without anything bad happening to him/her
tu ne veux pas qu'il *vienne* avec nous ?	don't you want him to come with us?
le plus beau jardin que nous *connaissions*	the most beautiful garden we knew
je croyais que vous *alliez* en discuter	I thought you were going to argue about it
tandis que les trains *restent* en gare	while the trains stayed in the station
je veux qu'elle *soit* heureuse	I'd like her to be happy
il faut que je *réfléchisse* un peu	I shall have to think it over for a while
quoi qu'on *fasse*	whatever one might do
qu'il *remplisse* le poste	that he may fill the post

il faut qu'il *aille* le chercher	he must go to look for it
il n'aimerait pas que cela se *sache*	he doesn't want this to be known
désireux qu'elle *comprenne* ma réponse	wanting her to understand my reply
il ne fallait pas qu'il me *laissât* seule	he must not leave me alone
il faut que je vous *parle*	I must speak with you
il faut que vous lui *parliez*	you must speak to him/her
avant que l'aube ne *pointe*	before dawn breaks
il veut qu'elle *traduise* le livre	he wanted her to translate the book
pour qu'on *puisse* gagner beaucoup d'argent	so that one can earn a lot (of money)
pour que tu *puisses* te garer	so that you can park your car
pour qu'il ne *pénétrât* dans les lieux	so that he could not enter the premises
quelqu'un qui *puisse* les voir	someone who may be able to see them
il faut que je les *avertisse*	I must warn them
le plus poétique que je *connaisse*	the most poetic one I may know
il arriva que je m'y *endormisse*	in the end I fell asleep there
sans que je *puisse* m'expliquer	without me being able to explain myself
il ne faut pas que vous *sortiez*	you should not go out

il faut que tu *saches* une chose	there is something you should know
qu'il reste ou qu'il *parte*	whether he stays or leaves
jusqu'à ce que le soir *tombe*	until night begins to fall
en attendant qu'il *sortît*	while waiting for him to go out
il vaut mieux que je m'en *aille*	it is better that I should go (away)
en évitant que la porte *fît* du bruit	being careful not to slam the door
il craignait qu'il ne *fût* devenu fou	he was afraid he may have been going mad
il faudrait bien que ça *finisse*	this should end
qu'elle *reste* en bas	let her wait below
avant que *viennent* les meilleurs jours	before better days are due to arrive
qu'*arrivent* les bonnes années	may the good years come / arrive
pour que personne ne *puisse* les lire	so that nobody would be able to read them

The eagle-eyed amongst you may have noticed that a 'ne' creeps in to some of these subjunctive phrases.

As we were once taught, a double negative is a positive ("She did not fail to laugh" means "She did laugh"). And so, whereas a subjunctive expresses a possibility, here the 'ne' has a cancelling effect, and the idea expressed in the sentence now becomes positive.

I would recommend reading further thoughts on this subject in Laura K. Lawless's excellent website: french.about.com (and see Acknowledgements).

And don't forget to search out those Anatole France novels.

SIGLES (nmpl)

INITIALS, ABBREVIATIONS, ACRONYMS

Now what does FAB stand for again?
Franco à bord – Free on board

Sigles/initials that are also False Friends (e.g. NF does not stand for National Front as it would in English) are marked in BOLD.

A, a : lettres A, a	**letters A, a**
A : ampère	amp
A : autoroute	motorway
A : apprenti conducteur	P plate *(on car of newly qualified driver)*
AB : assez bien	quite good (C+)
AC : appellation contrôlée	appellation contrôlée (guarantee for wine)
a/d : à dater, à la date de	as from
ADAC : avion à décollage et atterrissage courts	STOL
ADAV : avion à décollage et atterrissage verticaux	VTOL
ADEME : Agence de l'environnement et de la maîtrise de l'energie	Energy Efficiency Office
A D N : acide désoxyribonucléique	DNA
AE : adjoint d'enseignement	non-certificated teacher (with tenure)
AE : Affaires étrangères	Foreign Affairs
AELE : Association européenne de libre-échange	EFTA
AF : allocations familiales	family allowance
AFAT : auxiliaire féminin de l'armée de terre	member of the women's army
AFNOR : Association française de normalisation	BSI (Brit) ANSI (US)

AFP : Agence France-Presse	French Press Agency
AFPA : Association pour la formation professionnelle des adultes	adult professional education association
AG : assemblée générale	(Écon) AGM, (étudiants) EGM
AGE : assemblée générale extraordinaire	EGM
AGIRC : Association générale des institutions de retraite des cadres	Confederation of executive pension funds
AIT : Association internationale du tourisme	International Tourism Association
ALENA : Accord de libre-échange nord-américain	NAFTA
AM : assurance maladie	Health insurance
AME : Accord monétaire européen	EMA
AN : Assemblée nationale	The French National Assembly
ANPE : Agence nationale pour l'emploi	Job Centre
AOC : appellation d'origine contrôlée (fromage/vin)	AOC cheese/wine (the highest French wine classification
AP : Assistance publique	The health and social security services
ap. : après. 300 ap. J.-C.	300 AD
APE : Assemblée parlementaire européenne	EP

APEC : Association pour l'emploi des cadres	**Executive employment agency**
APL : aide personnalisée au logement	Housing benefit
A.R. : Altesse royale. Aller (et) retour	Royal Highness. A return (ticket)
AR : accusé/avis de réception	acknowledgement of receipt
ARN : acide ribonucléique	RNA
AS : assurances sociales/ association sportive	Social security/sports association
ASE : Agence spatiale européenne	ESA
ASSU : Association du sport scolaire et universitaire	University and school sports association
av. J.-C. : avant Jésus-Christ	BC
AZERTY : clavier AZERTY	AZERTY keyboard
AZT : azidothymidine	AZT
B, b : lettres B, b	**letters B, b**
b : bien	g: good
B.A. : bonne action	**good deed**
B.A.-BA : le B.A.-BA de	the ABC of
BAFA : brevet d'aptitude à la fonction d'animateur	Certificate for activity leaders in a holiday camp
BAT : bon à tirer	passed for press
bat. : bâtiment	building

BCBG : bon chic bon genre	conservative chic, Sloaney
BCE : Banque centrale européenne	ECB
BCG : bacille Bilié Calmette et Guérin	BCG
BD : bande dessinée	**comic strip, strip cartoon**
bd : boulevard	boulevard
BEE : Bureau européen de l'environnement	European Environment Office
BEI : Banque européenne d'investissement	EIB
BERD : Banque européenne pour la reconstruction et le développement	EBRD
bi.1 : bisexuel(le)	bisexual
bi.2 : (un) bisou	a kiss
BIRD : Banque internationale pour la reconstruction et le développement	IBRD
BIT : Bureau international du travail	ILO
BK : bacille de Koch	Koch's bacillus
BNP : Banque Nationale de Paris	**French bank (Paris)**
BO : bande originale	**(original) soundtrack**
BP : boîte postale	**P.O. Box**
BPF : bon pour francs	amount payable on a cheque

BRI : Banque des règlements internationaux	BIS
BT : brevet de technicien	**vocational training certificate (age 16)**
BTP : bâtiments et travaux publics	public buildings and works sector
BTS : brevet de technicien supérieur	vocational training certificate
BU : bibliothèque universitaire	university library
C, c : lettres C, c	**letters C, c**
C2 : Celsius, centigrade	C
c2 : centime	a centime
c', ç' : (abbrev.) ce	this
CA : chiffre d'affaires. Conseil d'administration	turnover. Board of directors/governors
CAC : compagnie des agents de change	institute of stockbrokers
CAF1 : coût, assurance, fret	CIF
CAF2 : caisse d'allocations familiales	family allowance office
CAO : conception assistée par ordinateur	CAD
CAP : certificat d'aptitude professionnelle	**City and Guilds examination**
CAPET : certificat d'aptitude au professorat de l'enseignement technique	technical teaching diploma

CB (abbrévs) : Cartes bancaires	banker's card
C.B. : Citizens' Band	CB radio
C.C. : compte courant. Corps consulaire	C/A. Consular corps
CCI : Chambre de commerce et d'industrie	Chamber of Commerce (and Industry)
CCP : centre de chèques postaux, Compte chèque postal	National Girobank (Brit.) Post Office account
CD1 : compact disc	CD
CD2 : corps diplomatique	Diplomatic Corps
CDD : contrat à durée déterminée	fixed-term contract
CDDP : centre départemental de documentation pédagogique	local teachers' resource centre
CD : centre de documentation et d'information	school library
CDS : Centre des démocrates sociaux	French political party
CDV : compact disc video	CDV
CD-vidéo : compact disc vidéo	CD-video
CE : comité d'entreprise. Conseil de l'Europe. Cours élémentaire. Communauté européenne	workers' council. Council of Europe. 2nd or 3rd year in primary school. EC
CEA : compte d'épargne en actions. Commissariat à l'énergie atomique	stock market investment savings account. Atomic Energy Commission

CECA : Communauté européenne du charbon et de l'acier	ECSC
Cedex : courrier d'entreprise à distribution exceptionnelle	Express postal service
CEE : Communauté économique européenne	EEC
CEEA : Communauté européenne de l'énergie atomique	EAEC
CEGEP, Cegep : Collège d'enseignement général et professionnel	sixth-form college
CEI : Communauté des États indépendants	CIS
CEL : compte d'épargne logement	building society account
CEP : certificat d'études primaires	formerly a school certificate
CERN : Conseil européen pour la recherche nucléaire	CERN
CES : collège d'enseignement secondaire. Contrat emploi-solidarité	secondary school. Contract for professional training for the unemployed
CET : collège d'enseignement technique	technical college
CFA : Communauté financière africaine	CFA franc
CFAO : conception et fabrication assistées par ordinateur	CADCAM

CFC : chlorofluorocarbures	CFCs
CFDT : Confédération française démocratique du travail	French trade union
CFP : centre de formation professionnelle	professional training centre
CFTC : Confédération française des travailleurs chrétiens	French trade union
cg : centigramme	cg
CGC : Confédération générale des cadres	French management union
CGT : Confédération générale du travail	French trade union
ch : cheval-vapeur	HP, h.p., (horsepower)
CHR : centre hospitalier régional	regional hospital
CHS : centre hospitalier spécialisé	psychiatric hospital
CHU : centre hospitalier universitaire	teaching or university hospital
CICR : Comité international de la Croix-Rouge	International Committee of the Red Cross
CIDJ : centre d'information et de la jeunesse	careers advisory centre
CIO : centre d'information et d'orientation. Comité international olympique	careers advisory centre. International Olympic Committee
COB : Commission des opérations de Bourse	Securities and Investment Board

COS : coefficient d'occupation des sols	planning density
CQFD : ce qu'il fallait démontrer	QED
CRDP : Centre régional de documentation pédagogique	regional teachers' resource centre
CRDS : contribution au remboursement de la dette sociale	tax (1996) to help pay off the deficit in the French social security budget
CSA : Conseil supérieur de l'audiovisuel	**Independent Broadcasting Authority**
CSCE : Conférence sur la Sécurité et la Coopération en Europe	CSCE
CSG : contribution sociale généralisée	supplementary social security contribution
CSM : Conseil supérieur de la magistrature	French magistrates' council
CV : curriculum vitæ. Cheval-vapeur	CV. Horsepower
D, d : lettres D, d	**letters D, d**
d' : de	of
DAB : distributeur automatique de billets	ATM
DAF : directeur administratif et financier	financial and administrative director
DAO : dessin assisté par ordinateur	CAD

DATAR : Délégation à l'aménagement du territoire et à l'action régionale — state organization for regional development

DCA : défense contre avions — anti-aircraft defence

DDASS : Direction départementale de l'action sanitaire et sociale — local department of social services

DDT : dichloro-diphényl-trichloréthane — DDT

DEA : diplôme d'études approfondies — post-graduate diploma / all but dissertation

DESS : diplôme d'études supérieures spécialisées — one-year post-graduate diploma in an applied subject

DEST : diplôme d'études supérieures techniques — university post-graduate technical degree

DEUG : diplôme d'études universitaires générales — diploma taken after two years at university

DEUST : diplôme d'études universitaires scientifiques et techniques — science diploma taken after two years at university

DG : directeur général. Direction générale — managing director. Head office

dg : décigramme — dg

DGA : directeur général adjoint — assistant general manager

DGE : dotation globale d'équipement — state contribution to local government budget

DGI : Direction générale des impôts — IR

DGSE : Direction générale de la sécurité extérieure	MI6 (brit.) CIA (US)
DIU : dispositif intra-utérin	IUD
dl : décilitre	dl
DM : Deutsche Mark	**DM**
dm : décimètre	dm
do (nm), ut (nm)	do(h): C (musical note)
DOM : département d'outre-mer	French overseas department
DOM-TOM : départements et territoires d'outre-mer	French overseas departments and territories
DOS, Dos : Disc Operating System	DOS
DPLG : (diplômé par le gouvernement) ingénieur	(state) certified engineer
Dr : docteur	Dr
DRH : direction des ressources humaines. Directeur, -trice des ressources humaines	Human resources department. Human resources manager
DST : Direction de la surveillance du territoire	MI5 (Brit.) CIA (US)
DT : diphtérie, tétanos	Vaccine against diphtheria and tetanus
DUT : diplôme universitaire de technologie	two-year technical diploma

E, e : lettres E, e. e dans l'o   letters E, e. œ

E2 : Est   E(ast)

EAO : enseignement assisté par ordinateur   CAI, CAL

EAU : Émirats arabes unis   UAE

EDF : Électricité de France   French Electricity Board

EEE : espace économique européen   EEA

EN : Éducation nationale   state education

ENS : École normale supérieure   school for teacher training

ENSI : École nationale supérieure d'ingénieurs   national college of engineering

EOR : élève officier de réserve   officer cadet

EPS : éducation physique et sportive   PE, PT

ESSEC : École supérieure des sciences économiques et commerciales   grande école for management and business students

E.-U.(A) : États-Unis (d'Amérique)   US(A)

EURATOM : European Atomic Energy commission   EURATOM

E.V. : en ville   "by hand" (a letter)

ex. (abrév.) : exemple   eg, e.g.

ex : ex (nm/f)   one's ex

ex- : l'ex-USSR   former soviet Union

F, f : lettres F, f	**letters F, f**
F2 : (abrévs.) Fahrenheit. Franc. Frère	Fahrenheit. Franc. Brother
fa : (en chantant la gamme)	fa: F (musical note)
FAB : franco à bord	FOB
FAO : fabrication assistée par ordinateur	FAO : Food and Agriculture Organization
FB : franc belge	Belgian franc
FED : Fonds européen de développement	EDF
FEN : Fédération de l'éducation nationale	confederation of teachers' unions
FF : franc français. frères	FF. Bros
FFI : Forces françaises de l'intérieur	Resistance forces in World War II
FFL : Forces françaises libres	the Free French (Forces or Army)
Fg : (abrév.) faubourg	district
FIS : Front islamique du Salut	FIS
FM : fusil-mitrailleur. Fréquence modulée	**MG. FM**
FMI : Fonds monétaire international	IMF
FN : Front national	the National Front
FNE : Fonds national de l'emploi	a French state fund

FNSEA : Fédération nationale des syndicats d'exploitants agricoles	French farmers' union
FO : Force ouvrière	**French trade union**
FORPRONU, Forpronu : Force de protection des Nations unis	Unprofor
FP : franchise postale	official paid
FR3 : France Régions 3; now France 3	former name of 3rd French TV channel
FS : franc suisse	SF (Swiss franc)
FSE : Fonds social européen	ESF

G,g : lettres G, g	**letters G, g**
le G-8	the G8 nations, the Group of Eight
G : point G	the G spot (anatomical)
G2 : Giga	Giga(-byte) etc.
g2 : gramme	g: a gram
GAEC : groupement agricole d'exploitation en commun	farmers' economic interest group.
GB : Grande Bretagne	GB
gdb : gueule de bois, avoir la ...	to have a hangover
GDF : Gaz de France	French gas company
GIC : grand invalide civil, un macaron	a severely disabled person, a disabled sticker

GIE : groupement d'intérêt économique	economic interest group
GIG : grand invalide de guerre	(severely) disabled ex-serviceman
GIGN : Groupe d'intervention de la Gendarmerie nationale	special task force of the Gendarmerie: SAS
GNL : gaz naturel liquéfié	LNG
GO : grandes ondes	LW (radio wave)
Go : gigaoctet	Gb
GPAO : gestion de la production assistée par ordinateur	computer-assisted production management
GPL : gaz de pétrole liquéfié	LPG
GQG : Grand Quartier Général	GHQ
GR : (sentier de) grande randonnée	(registered) hiking trail

H, h : lettres H, h	**letters H, h**
(à l') heure H	(at) zero hour
h aspiré	aspirate H
h muet	mute/silent H
bombe H	H-bomb
ha1 : ha, ha !	ha-ha!
ha2 : (abrév.) hectare	ha
HCR : Haut Commissariat des Nations Unies pour les réfugiés	UNHCR

HLA : human leucocyte antigens	HLA
HLM : habitation à loyer modéré	council housing estate
HS : hors service. Haute saison	kaput, bust, shattered. High season
HT : hors taxe(s)	duty-free

I, i : lettres I, i — **letters I, i**

IGPN : Inspection générale de la police nationale	police disciplinary body
IGS : inspection générale des services	the Police Complaints Board
ILM : immeuble à loyer moyen *or* modéré	a block of council flats
INA : Institut national de l'audiovisuel	library of radio and television archives
INC : Institut national de la consommation	CA
INRA : Institut national de la recherche agronomique	national institute for agronomic research
INRI : Iesus Nazarenus Rex Iudaeorum	INRI
INSEE : Institut national de la statistique et des études économiques	French national institute of economical and statistical information
INSERM : Institut national de la santé et de la recherche médicale	MRC

IRM : imagerie par résonance magnétique	MRI (scan)
IRPP : impôt sur le revenu des personnes physiques	income tax
ISBN : International Standard Book Number	ISBN
ISSN : International Standard Serial Number	ISSN
IUFM : Institut universitaire de formation des maîtres	teacher training college
IUT : Institut universitaire de technologie	a polytechnic
IVG : interruption volontaire de grossesse	termination (of pregnancy)

J, j : lettres J, j	**letters J, j**
J2 : Joule	J
j' : je	I
jf : jeune fille, jeune femme	young girl, young woman
jh : jeune homme	young man (Think Harry Enfield?)
JO : Jeux olympiques. Journal officiel	Olympics. Official bulletin (of laws etc.) the Gazette
JT : journal télévisé	television news

K, k : lettres K, k	**letters K, k**
K2 : Kelvin	K

k2 : kilo	k
kF : kilofranc	K (as in a thousand pounds)
kg : kilogramme	kg
KGB : Komitet Gosudarstvennoy Bezopasnosti	KGB
km : kilomètre(s)	km
K.-O. : knock out	KO
Ko : kilo-octet	kb

L, l : lettres L, l	**letters L, l**
l2 : litre(s)	l (litre)
l' : le, la	le, la (the)
la : (en chantant la gamme)	lah: A (a musical note)
LCD : liquid crystal display	LCD
LEA : langues étrangères appliquées	**modern languages**
LEP : lycée d'enseignement professionnel	secondary school for vocational training
LP : lycée professionnel	**a school also providing vocational training**
LSD : Lysergsäure Diethylamid	LSD

M, m : lettres M, m	**letters M, m**
M. : Monsieur	Mr
m2 : mètre	m

m' : me	me, myself
MA : maître auxiliare	**non-certified teacher**
MATIF : marché à terme d'instruments financiers	LIFFE
MCJ : maladie de Creutzfeldt-Jakob	CJD
MF : modulation de fréquence. Millions de francs	frequency modulation Millions of francs
mg : milligramme	mg
Mgr : Monseigneur	Mgr
mi : (en chantant la gamme) mi	mi: E (musical note)
MIAGE : maîtrise d'informatique appliquée à la gestion des entreprises	master's degree in business data processing
MIDEM : marché international du disque et de l'édition musicale	music industry trade fair
MIN : marché d'intérêt national	a wholesale market for perishable goods
MJC : maison des jeunes et de la culture	youth club and arts' centre
ml : millilitre	ml
MLF : Mouvement de libération des femmes	Women's Liberation Movement, Women's Lib
MM : Messieurs	Messrs
mm : millimètre	mm
mn : minute	min

Mo : mégaoctet	Mb, MB (Megabyte)
MONEP : Marché des options négociables de Paris	the traded-options exchange in the Paris stock market
MRAP : mouvement contre le racism	French anti-racist and peace movement
MST : maladie sexuellement transmissible. Maîtrise de sciences et techniques	STD. Master's degree in science and technology
N1, n : lettres N, n	**letters N, n**
N2 : Nord	N(orth)
n' : ne	not
N.B. : nota bene	N.B.
N.-D : Notre-Dame	Notre-Dame cathedral
NDLR : note de la rédaction	editor's note
NdT : note du traducteur	translator's note
NF : norme française. Nouveau(x) franc(s)	**mark of the approved French standard of manufacture. New franc**
NN : nouvelles normes	revised standard of hotel classification
NPI : nouveaux pays industrialisés	NIC
NU : Nations Unies	UN

O, o : lettres O, o	**letters O, o**
O2 : Ouest	W(est)
ô : oh ! O !	oh!
OAS : Organisation de l'armée secrète	OAS
OC : ondes courtes	SW (Short Wave radio)
OCDE : Organisation de coopération et de développement économique	OECD
OIT : Organisation internationale du travail	ILO
OLP : Organisation de libération de la Palestine	PLO
OM : ondes moyennes	MW (Medium Wave radio)
OMC : Organisation mondiale du commerce	WTO
OMI : Organisation maritime internationale	IMO
OMM : Organisation météorologique mondiale	WMO
OMS : Organisation mondiale de la santé	WHO (World Health Organization)
OMT : Organisation mondiale du tourisme	WTO
OPA : offre publique d'achat	takeover bid
OPE : offre publique d'échange	public offer of exchange
OPEP : Organisation des pays exportateurs de pétrole	OPEC

OPV : offre publique de vente	offer for sale
ORL : oto-rhino-laryngologie	ENT (for Ear, Nose and Throat)
ORSEC : Organisation des secours	Plan to deal with major civic emergencies
ORTF : Office de radiodiffusion-télévision française	former French broadcasting service
OS : ouvrier spécialisé	UNskilled or SEMIskilled worker
OTAN : Organisation du Traité de l'Atlantique Nord	NATO (is OTAN backwards)
OTASE : Organisation des territoires de l'Asie du Sud-Est	SEATO
OUA : Organisation de l'unité africaine	OAU
P, p : lettres P, p	**letters P, p**
p2 : page	p
PAC : politique agricole commune	CAP
PACA : Provence-Alpes-Côte d'Azur	region in southern France
PAF : paysage audiovisuel français. Police de l'air et des frontières	the French broadcasting scene. Border police
PAL : Phase Alternative Line	PAL
PAO : publication assistée par ordinateur	DTP (desktop publishing)

PAP : prêt aidé d'accession à la propriété	loan for first-time home buyers
PC : parti communiste. Poste de commandement	**Communist party. Headquarters**
Pcc : pour copie conforme	certified accurate
PCF : parti communiste français	The French communist party
PCV : percevoir (appel en)	reverse-charge telephone call
PDG : Président-directeur général	chairman and managing director
PE : Parlement européen	**EP**
PEA : plan d'épargne en actions	stock portfolio (with tax advantages)
PECO : pays d'Europe centrale et orientale	the CEEC
PEGC : Professeur d'enseignement général des collèges	basic-grade schoolteacher (in a college)
PEL : plan d'épargne logement	savings plan for property purchase
PEP : plan d'épargne populaire	**individual savings plan**
PER : plan d'épargne retraite	personal pension plan or scheme
P. et T. : Postes et Télécommunications	French post office and telecommunications
p.ex : par exemple	e.g.
pH : potentiel d'hydrogène	pH
p.i. : par intérim	acting, actg

PIB : produit intérieur brut	GDP
PJ1 : pièce(s) jointe(s)	enc, encl
PJ2 : police judiciaire	CID (FBI – US)
PL : poids lourd	HGV (heavy truck – USA)
Pl : place	Pl(ace) (a square)
PLV : publicité sur le lieu de vente	point-of-sale advertising
PM : préparation militaire. Police militaire. Pistolet-mitrailleur. Poids moléculaire	**training for military service. Military police. Submachine gun. Molecular weight**
PMA : procréation médicale(ment) assistée. Pays les moins avancés	IVF. Underdeveloped countries
PME : petite et moyenne entreprise	small and medium-sized businesses
PMI : petite et moyenne industrie	small and medium-sized industries
PMU : Pari mutuel urbain	tote
PNB : Produit national brut	GNP
PO : petites ondes	**MW (Medium Wave radio)**
POS : plan d'occupation des sols	land use plan
p.p. : per procurationem	p.p.
pp : pages	pp
ppcm : plus petit commun multiple	LCM
PQ : parti québécois	Quebec political party

PR : parti républicain.   **French political party.**
   Poste restante   **Poste restante**

Pr : Professeur   Prof.

P.-S. : post-scriptum   P.S.

PS : parti socialiste   French socialist party

P.T.T : Postes,
   Télécommunications et   French post office and
   Télédiffusion   telecommunications service

p.-v : procès-verbal   a fine, a parking/speeding
                                          ticket

PVC : polyvinyl chloride   PVC

Q, q : lettres Q, q   **letters Q, q**

qch : quelque chose   sth.

QCM : questionnaire à choix   multiple choice question
   multiple   paper

QF : quotient familial   dependents' allowance set
                                          against tax

QG : quartier général   HQ

QHS : quartier de haute sécurité   high/maximum/top security
                                                wing

QI : quotient intellectuel   IQ

qn : quelqu'un   sb.

qq : quelque   some

qu' : que   which

QWERTY : clavier QWERTY   a QWERTY keyboard

R, r : lettres R, r — letters R, r

RAM : Random Access Memory — RAM (Ordinateur – Computer)

R.A.S. : rien à signaler — nothing to report

RATP : Régie autonome des transports parisiens — the Paris city transport authority

RAU : République arabe unie — UAR

RDA : République démocratique allemande — **GDR**

rdc : rez-de-chaussée — grnd flr (ground floor)

RDS : remboursement de la dette sociale — a tax to help pay off social security deficit

ré : (en chantant la gamme) [ré mineur] — re: D (a musical note). [D minor]

RER : réseau express régional — rapid-transit train between Paris and suburbs

RES : rachat d'entreprise par ses salariés — employee buyout

Rh (Rhésus) — Rh

RIB : relevé d'identité bancaire — particulars of one's bank account

RIP : relevé d'identité postal — **particulars of one's post-office bank account**

RMI : revenu minimum d'insertion — minimum welfare payment, income support

Rmiste, rmiste — person on income support

RMN : résonance magnétique nucléaire	NMR
RN : route nationale. Revenu national	main road, A road. Gross national product
RNIS : Réseau Numérique à Intégration de service	ISDN

S1, s1 : lettres S, s	**letters S, s**
S2 : Sud	S(outh)
s : seconde	s (second)
s' : se, si	self, if
s/ : sur (on a map)	n/a in English
SA : société anonyme	(public) limited company
SACEM : Société des auteurs, compositeurs et éditeurs de musique	French body which is responsible for collecting and distributing music royalties
SAMU : Service d'assistance médicale d'urgence	mobile emergency medical service
S.A.R. : Son Altesse Royale	HRH
SARL : société à responsabilité limitée	limited liability company
SCI : société civile immobilière	non-trading property
SCP : société civile professionnelle	professional partnership
SCPI : société civile de placement immobilier	non-trading property investment trust

SDF : sans domicile fixe	a homeless person
SDN : Société des Nations	the League of Nations
S.E. : Son Excellence	HE (1)
S.É. : Son Éminence	HE (2)
SECAM : séquentiel couleur à mémoire	SECAM
SF : science-fiction	sci-fi
SG : secrétaire général	secretary-general, general secretary
SGBD : système de gestion de bases de données	database management system
si (en chantant la gamme)	ti: B (a musical note)
SICAV, sicav : société d'investissement à capital variable	unit trust
SIDA, sida : syndrome d'immunodéficience acquise	AIDS, Aids, the Aids virus
SMAG : salaire minimum agricole garanti	guaranteed agricultural minimum wage
SME : système monétaire européen	EMS
SMIC : salaire minimum interprofessionnel de croissance	(Index-linked) guaranteed minimum wage
SMIG : salaire minimum interprofessionel garanti	(Index-linked) guaranteed minimum wage
SMUR : Service médical d'urgence et de réanimation	mobile emergency unit

SNCF : Société nationale des chemins de fer français	French national railway company
sol (en chantant la gamme)	soh: G (a musical note)
SPA : Société protectrice des animaux	Similar to our PDSA, RSPCA
SRPJ : service régional de la police judiciaire	regional crime squad, CID
SS : Sécurité sociale. Sa Sainteté.	the National Health Service, Social Security. His Holiness (the Pope).
SSII : société de services et d'ingénierie en informatiques	computer engineering and maintenance company
St : Saint	St
START : Strategic Arms Reduction Talks	START
STO : Service du travail obligatoire	forced labour instituted by Nazis in WWII
SVP : s'il vous plaît	pse (please)

T, t : lettres T, t	**letters T, t**
t2 : tonne. Tome	t. Vol.
t' : te, tu	you (familiar form of)
TAO : traduction assistée par ordinateur	machine-aided translation
TDF : Télédiffusion de France	IBA
TEC : tonne équivalent charbon	TCE
TEP : tonne équivalent pétrole	TOE

TF1 : Télévision française un	independent French television channel
TG : Trésorerie générale	public revenue office / accounts
TGV : train à grande vitesse	high-speed train
TIG : travaux d'intérêt général	community work (young) / community service
TIP : titre interbancaire de paiement	payment slip allowing automatic withdrawal from a bank account
TMS : troubles musculo-squelettiques	RSI (Repetitive Strain Injury)
TNT : trinitrotoluène	TNT
TOM : territoire d'outre-mer	(French) overseas territories
TP : Trésor public. Travaux pratiques. Trésorerie principale. Travaux publics	the Treasury. Practical or lab work. Public revenue office, accounts. Civil engineering
TPE : terminal de paiement électronique	EFTPOS
TPG : trésorier-payeur général	paymaster (for a department)
TPV : terminal point de vente	point-of-sale or POS terminal
TSA : technologie des systèmes automatisés	automated systems technology
TSF : télégraphie sans fil	wireless, wi-fi
TSVP : tournez s'il vous plaît	PTO
TTC : toutes taxes comprises	inclusive of (all) tax

TU : temps universel	UT (universal time)
TUC : travaux d'utilité collective. Tucard, tucarde	community work (by unemployed)/employment training/YTS. Employment trainee
TUP : titre universel de paiement	universal payment order
TVA : taxe sur la valeur ajoutée	VAT
TVHD : télévision haute définition	HDTV

U, u : lettres U, u	**letters U,u**
UDF : Union pour la démocratie française	French (right-wing) political party
UE : Union européenne. Unité d'enseignement	European union. A course
UEFA : Union of European Football Associations	UEFA
UEM : Union économique et monétaire	EMU
UEO : Union de l'Europe occidentale	WEU
UER : Unité d'enseignement et de recherche	university department
UFR : Unité de formation et de recherche	university department
UHF : ultra-high frequency	UHF
UHT : ultra-haute température	UHT

UMP : Union pour un Mouvement Populaire	French (conservative) political party
UNEDIC : Union nationale pour l'emploi dans l'industrie et le commerce	French national organization managing unemployment benefit schemes
UNEF : Union nationale des étudiants de France	French national students' union
UNESCO : United Nations Educational, Scientific and Cultural Organization	UNESCO
UNICEF : United Nations International Children's (Emergency) Fund	UNICEF
UPF : Union pour la France	French political party
URSS : Union des républiques socialistes soviétiques	USSR
URSSAF : Union pour le recouvrements des cotisations de la Sécurité sociale et des allocations familiales	social security contribution collection agency

V, v : lettres V, v	**letters V, v**
V2, v2 : voir, voyez	V
V3 : volt	V
VDQS : vin délimité de qualité supérieure	VDQS
VF : version française	the French (original) version
VHF : very high frequency	VHF

VHS : Video Home System	VHS
VIH : virus de l'immuno-déficience humaine	HIV
VO : version originale	film in the original version
VPC : vente par correspondance	mail-order selling
VRP : voyageur, représentant, placier	a sales rep
vs : versus	vs, v
VSNE : volontaire du service national à l'étranger	person doing military service as a civilian abroad
VSOP : very superior old pale	VSOP
VTC : vélo tout-chemin	a hybrid bike
VTT : vélo tout-terrain	a mountain bike
Vve : veuve	wdw (widow)

W, w : lettres W, w — **letters W, w**

W2 : Watt — W

W-C, WC : water-closet(s) — lavatories, toilets, loos

X, x : lettres X, x — **letters X, x**

Y, y : lettres Y, y — **letters Y, y**

Y2 : yen — Y (Japanese monetary unit)

y2 : (restez-)y — (stay) there

Z, z : lettres Z, z   **letters Z, z**

ZAC : zone d'aménagement concerté — urban development zone

ZAD : zone d'aménagement differé — future development zone

ZEP : zone d'éducation prioritaire. Zone d'environnement protégé — area targeted for special help in education. Environmentally protected zone

ZUP : zone à urbaniser en priorité — urban development zone

JOKES

BLAGUES

'I started at the bottom, and worked my way down'

I hope these jokes may amuse you or, at any rate, improve or refresh your French

Please note that the French phrases for 'cringe' and 'to raise eyes to heaven' are 'rentrer sous terre' and 'lever les yeux au ciel'

Entries in bold are illustrated by Harry Parke

98% of the time I'm right; why worry about the other 3%
98% du temps j'ai raison; pourquoi dois-je me soucier des autres 3%

He took his newspaper out of the gutter and into the sewer
Il a soulevé son journal du caniveau – et l'a déposé dans l'égout

I didn't say it was your fault – I said I was blaming you
Je n'ai pas dit que c'était de ta faute – j'ai dit que je te blâmais

A good lawyer knows the law, a very good lawyer knows the judge
Un bon avocat connaît la loi – un très bon avocat connaît le juge

My car does not have brakes – just an innate sense of propriety
Ma voiture n'a pas de freins – seulement un sens inné des convenances

Hyperbole? I haven't seen a hyperbole for ages
L'hyperbole – je n'ai pas vu une hyperbole depuis longtemps

These are my principles – if you don't like them, I can change them
Ce sont mes principes – si vous ne les aimez pas, je peux les changer

I love her basset; to start off with it was a grey-hound but because she stroked it so much…
J'aime son basset ; au départ c'était un lévrier mais elle le caresse tellement…

He's marrying his sister – he's a vicar
Il va marier sa sœur – il est pasteur

She's hard to ignore but well worth the effort
Elle est difficile à ignorer mais ça vaut l'effort

I put £7 on the 7th horse in the 7th race – and it came 7th
J'ai mis £7 sur le cheval no 7 dans la course 7 – il a fini septième

Life is uncertain – eat dessert first
La vie est incertaine – mange le dessert en premier

The square on the hypotenuse – I saw one of those in the zoo once
Le carré de l'hypoténuse – j'en ai vu un au jardin zoologique une fois

A positive attitude may not help you, but will annoy enough people to make it worth your while
Une attitude positive ne va pas forcément t'aider, mais embêtera assez de gens pour que cela en vaille la peine

Change is inevitable – except from a vending machine
Le changement/la monnaie est inévitable – sauf d'un distributeur automatique

The longest journey starts with just… putting on your shoes
Le plus long voyage commence simplement avec la mise de vos chaussures

Forgive your enemies – but never forget their names
Pardonnez à vos ennemis – mais n'oubliez jamais leurs noms

Mutton dressed as lamb – scrag end
Elle s'habille trop jeune pour son âge – vieille peau

To light a fire with two sticks, ensure that one of them is a match
Pour allumer un feu avec deux brindilles, une des deux doit être une allumette

It's amazing how low those 'planes get to the ground when they're coming in to land
C'est incroyable la basse altitude des avions quand ils vont atterrir

She would literally run through a wall for him
Elle passerait à travers un mur pour lui littéralement

My friend is too good at lying – her younger brother is now her older brother
Mon amie ment trop bien – son frère cadet est maintenant son frère aîné

A blue-arsed fly – has anyone ever checked?
Une mouche avec cul bleu – on l'a vérifié ?

Enough about me – what did **you** think of my latest play?
*Assez à mon sujet – que pensez-**vous** de ma dernière pièce ?*

We were all Jung once
Nous avons tous été Jung une fois

Gay marriage – it plays havoc with one's table plans
Le mariage gai – il cause des ravages avec nos plans de table

We were all Jung once   *Nous avons tous été Jung une fois*

I like her mutt – I'm speaking of her dog not her son
J'aime son corniaud – je ne parle pas de son fils mais de son chien

She doesn't sing; she screeches
Elle ne chante pas; elle braille

I'm good at deciphering body language – I think it was his scowl that gave it away
J'ai un talent pour déchiffrer le langage du corps – son air maussade était un indice

Have you been faithful to me, darling?   Yes, darling – except for your brother and the Prussian army
M'as-tu été fidèle, chérie ?   Oui, chéri – à part ton frère et l'armée prussienne.

No good deed goes unpunished
Les bonnes actions ne sont jamais inpunies

Shalom Auslander: My writing process? I get some coffee, go to my desk, take off my pants, put on my clown shoes and apply arse to seat
Comment j'écris ? Je prends un café, m'installe à mon bureau, retire mon pantalon, enfile mes chaussures de pitre, et pose mon cul sur la chaise

Can I still creosote a metaphorical fence?
Est-ce que je peux créosoter une palissade métaphorique?

Simon Parke : Walk a mile in another's shoes – at least you'll have another pair of shoes
Mettez-vous dans les chaussures d'un autre – vous y gagnerez une nouvelle paire

Of course I've forgiven and forgotten, my dear; I just don't want you to forget that I've forgiven and forgotten
Bien sûr que j'ai pardonné et oublié, ma chère ; mais je ne veux pas que tu oublies que j'ai pardonné et oublié

Simon Parke : Walk a mile in another's shoes – at least you'll have another pair of shoes
Mettez-vous dans les chaussures d'un autre – vous y gagnerez une nouvelle paire

He was two minutes in court for stealing a bag – it was a brief case
Il est passé deux minutes au tribunal pour vol d'un sac – c'était une serviette

Our eyes grow weaker with age so that we can't see our partner's wrinkles
Nos yeux faiblissent avec l'âge pour que nous ne voyions pas les rides de notre compagnon

But wrinkles are endearing and can show character
Mais les rides sont touchantes et peuvent montrer le caractère

My mum's ashamed of me teaching – she tells people I'm a drug dealer
Maman a honte que je sois enseignant – elle dit que je vends de la drogue

Shalom Auslander: My next project? Well, it will involve words, arranged in some kind of order
Mon prochain projet ? Il y aura des mots, arrangés dans un certain ordre

"I thought you said your dog doesn't bite?"
"That's not my dog"
"Je croyais que tu avais dit que ton chien ne mordait pas ?"
"Ce n'est pas mon chien."

Perfume – 60% of the time it works every time
Le parfum – 60% du temps ça réussit toujours

I call them the Kray twins – affectionately, of course
Je les surnomme les jumeaux Kray – avec tendresse, bien sûr

I'm admiring your 100m medal – with price tag
J'admire ta médaille 100m – avec étiquette

A bit too much is just enough for me
Un peu trop c'est juste assez pour moi

Hands off my beer – I have spat in it – So have I!
Touchez pas à ma bière – j'ai craché dedans – Moi aussi !!

I was raised as an only child, which upsets my sister
J'ai été élevé comme un enfant unique, ce qui embête ma sœur

I love rereading books, now that I can never remember the ending
J'adore relire les livres, maintenant que je ne peux pas me souvenir de la fin

Tesco ergo sum: I shop therefore I am
Je (dé)pense donc je suis. Descartes

Danny Kelly: I read it in the L.A. (Los Angeles) Journal. Guest (coldly): It was in La Journal
Kelly: Je l'ai lu dans le L.A. Journal. Invité : (avec froideur) C'était La Journal.

"Be yourself" is the worst advice you can give
"Sois toi-même," c'est le pire conseil qu'on puisse donner

I keep up a high standard of dissolute living
Je maintiens un haut niveau de débauche

I'm going to strangle you – Aaah! Your hands are freezing
Je vais t'étrangler. Ah! Vos mains sont glacées.

Attila the stockbroker
Attila, l'agent de change

In Post Office: Please do not put your head between these two sliding panels
Dans le Bureau de Poste : Svp ne mettez pas la tête entre ces deux panneaux coulissants

"What are my chances with you?" "One in a thousand." "So I'm in with a chance?"
"Quelles sont mes chances avec toi ?" "Une sur mille" "Donc, j'ai une chance?"

We're told to keep an eye on the old folk but the old dear next door hasn't been in once
On nous demande de veiller sur les vieux mais la vieille d'à côté ne m'a pas rendu visite une seule fois

And she's lazy – she's letting her milk pile up on the doorstep
En plus elle est paresseuse – les bouteilles de lait s'empilent sur son palier

Woody Allen: I don't feel up to a performance but I wouldn't mind rehearsing with you
Je ne suis pas assez en forme pour des prouesses mais j'aimerais bien répéter avec toi

The plot thins…
L'affaire s'éclaircit

Capital punishment: it doesn't go far enough
La peine de mort: ce n'est pas assez sévère

Jonathan Swift: May you live all the days of your life
Que vous puissiez vivre tous les jours de votre vie

So cynical for one so old
Tellement cynique pour quelqu'un d'aussi vieux

Don't take life too seriously or you will never get out alive
Ne prends pas la vie trop au sérieux ou tu n'en sortiras pas vivant

We never know as much as we think we do at eighteen
On n'en connaît jamais autant qu'on ne le pense à dix-huit ans

You know when you're posh when the Jones try to keep up with you
Vous savez que vous êtes snob quand les voisins veulent vous imiter

What kind of pasta do you like? The edible sort
Quel genre de pâtes aimes-tu? Le genre comestible

Books on logic: 2 for the price of 2
Les livres de logique: 2 pour le prix de 2

What do the Italians use to make an omelette?
Qu'est-ce que les Italiens utilisent pour faire une omelette?

He literally exploded
Il a littéralement explosé

In our golf club anyone with less than 20% gin in their blood is expelled
Dans mon club de golf on expulse chaque membre avec moins de 20% d'alcool dans le sang

GROLIES: Guardian Reader Of Low Intelligence Ethnic Skirt (this is very unkind)
GROLIES : pas de traduction est possible !

Breasts – anything more than a handful is a waste
Les seins : plus qu'une poignée c'est du gaspillage

Being perfect is the only thing I'm good at
Être parfait c'est la seule chose où j'excelle

Amaze your friends: win the Nobel prize
Stupéfiez vos amis: gagnez le prix Nobel

Will Will.I.am's gravestone read Will.I.was?
Lira-t-on Will.I.was sur la pierre tombale de Will.I.am ?

Today I'm finding exactly where the end of my tether is
Aujourd'hui je trouve l'endroit exact du bout de mes nerfs

Women are from Selfridges – men are from B&Q
Les femmes sont de La Samaritaine – les hommes de Bricorama

"Will you still love me if you win the lottery?"
"Of course. I'll miss you, but I'll still love you."
"Tu m'aimeras encore si tu gagnes la loterie ?"
"Bien sûr – mais tu me manqueras"

I've been married for twenty years – you only get ten years for armed robbery
Je suis marié depuis vingt ans – on donne seulement dix ans pour un braquage

ABC: Another Bloody Chateau
ABC : Autre Beau Château

I was born and now I'm much older
Je suis né ; maintenant je suis plus vieux

Dylan Jones: It's expensive and hideous – I'll take it
C'est cher et hideux – je le prends

My favourite book: Computing for the over eighties
Mon livre favori : l'informatique pour les plus de 80 ans

The flasher was getting bored – but decided to stick it out for another year
L'exhibitionniste s'ennuyait – mais il a décidé de continuer pendant encore un an

Never do today what you can put off until tomorrow
Ne faites pas aujourd'hui les choses que vous pouvez remettre au lendemain

Steve Tonkins: I've seen the world – it's hard to miss
Steve Tonkins – J'ai vu le monde – c'est difficile de le manquer

Dennis Pennis: If it wasn't gratuitous, and was tastefully done, would you consider keeping your clothes on in a film?
Si c'était fait avec bon goût et si c'était justifié, envisageriez-vous de garder vos vêtements dans un film?

This is not as good as they say: it's better
Ce n'est pas aussi bon qu'on dit: c'est meilleur

He ran ten miles every day – after a week he was seventy miles from home
Il courait dix km par jour – au bout d'une semaine il était à 70 km de chez lui

I started at the bottom, and worked my way down
J'ai commencé au dernier échelon, et j'ai continué à descendre

Denis Norden: I call her my first wife to keep her on her toes
Je l'appelle ma première femme, pour qu'elle ne se laisse pas aller

A specialist in women – and other diseases
Spécialiste de la femme – et d'autres maladies

When someone praises you, they at once seem more intelligent
Quand quelqu'un vous fait un compliment, il a tout de suite l'air plus intelligent

Margaret Thatcher – the bust of Marilyn Monroe, and the eyes of Caligula
Margaret Thatcher – la poitrine de Marilyn Monroe, et les yeux de Caligula

I started at the bottom, and worked my way down
J'ai commencé au dernier échelon, et j'ai continué à descendre

To make money don't rob a bank – open one
Pour gagner de l'argent ne braquez pas une banque – ouvrez-en une

Dame Edna: He's stupid – and I mean that in a caring way
Il est stupide – et je le dis avec beaucoup de prévenance

Woman: Sir, you are drunk! Churchill: And you, madam, are ugly. The difference is that I shall be sober in the morning
La femme : Monsieur, vous êtes ivre ! Churchill: Madame, vous êtes moche. La différence: demain je serai sobre

USA and UK – divided by a common language
USA et UK – divisés par une langue commune

I spent my wages on booze and fags, and wasted the rest
J'ai dépensé mes gages en vin et en clopes, et j'ai gaspillé le reste

She was run over outside Harrods – a posh death but a sticky one
Elle a été fauchée près de Harrods – une mort huppée mais poisseuse

Stanley Baldwin – took on the shape of the last person to sit on him
Stanley Baldwin a pris la forme de la dernière personne qui s'est assise sur lui

Just because I'm paranoid doesn't mean they're not out to get me
Ce n'est pas parce que je suis parano qu'on ne me veut pas de mal

We admired the spaghetti trees in southern Italy
Nous avons admiré les arbres de spaghetti dans l'Italie du Sud

How does the corn get onto the cob?
Comment le maïs arrive-t-il sur l'épi?

If at first you don't succeed, give up
Si tu ne réussis pas tout de suite, laisse tomber

To burn the midnight oil…and
Travailler tard dans la nuit… et

…to burn the midday oil
…travailler dur jusqu'à midi

I grew old without bothering to grow up
J'ai vieilli sans me donner la peine de mûrir

There's no pleasing some people – you'd think she would have been pleased with a paper shredder
Il y a des gens qui ne sont jamais contents – elle devrait être contente avec un déchiqueteur de documents

What's yours is mine, and what's mine is my own
Ce qui est à toi est à moi, et ce qui est à moi est aussi à moi

Carozza: With great power comes a huge electricity bill
Avec une grande énergie vient aussi une grande facture d'électricité

Today we have for you a cornucopia, a veritable plethora, some may say…quite a lot
Aujourd'hui nous avons pour vous une corne d'abondance, une surabondance, on peut dire…pas mal de choses

When her heart-attack started she struggled to SW3 for the sake of her obituary
Quand elle fut prise d'un malaise cardiaque, elle se précipita vers le SW3 pour sa notice nécrologique

When trapped in the lift I only fainted with shock when I noticed a comma was missing in the notice on its wall
Coincée dans l'ascenseur je me suis évanouie quand j'ai vu qu'une virgule manquait à la notice sur la paroi

And, there again, Sir Roger Casement was said to have been 'hanged on a comma'
Mais, là encore, on dit que Sir Roger Casement a été 'pendu à cause d'une virgule'

When her heart-attack started she struggled to SW3 for the sake of her obituary
Quand elle fut prise d'un malaise cardiaque, elle se précipita vers le SW3 pour sa notice nécrologique

Cheese straws made with real cheese (not fake cheese)
Les allumettes à fromage faites avec du vrai fromage

I don't make the rules – I just try to break them sometimes
Je ne fais pas les règles – j'essaie seulement de les enfreindre de temps en temps

Youth is wasted on the young
La jeunesse est gaspillée sur les jeunes

But I wouldn't wish youth on my worst enemy
Mais je ne souhaiterais pas la jeunesse à mon pire ennemi

I'm just like the girl next door – especially if you live at No. 9
Je suis juste comme la fille d'à côté – surtout si vous habitez au numéro 9

Get this model's thighs
Obtenez les cuisses de ce mannequin

Blessed are the cracked for they shall let in the light
Heureux sont les fêlés parce qu'ils laissent transparaître la lumière

"Your shoes are on the wrong feet." "No, they're not – I'm left-footed."
"Vos chaussures ne sont pas au bon pied." "Mais si, je suis gaucher."

Rumours of a divorce between Bill and Hillary Clinton: she has doubts about him being faithful
Rumeurs de divorce entre Bill et Hillary Clinton: elle a des soupçons sur la fidélité de Bill

Oscar Wilde: I can resist anything but temptation
Je peux résister à tout sauf à la tentation

Quentin Crisp: After four years the dust does not get any thicker
Après quatre ans la poussière n'épaissit pas

Life! It's one damn thing after another
La vie! Quand ce n'est pas une chose, c'est une autre

An apple a day keeps the doctor away…
…si vous pouvez viser juste (une pomme par jour éloigne le docteur pour toujours)

Alphabet soup – may contain N, U, T, S
La soupe alphabet – peut contenir N, O, I, X

Just as I discover the meaning of life – it changes
Au moment où je découvre le sens de la vie – ça change

INDEX
FRENCH to ENGLISH

INDEX

FRENCH to ENGLISH

FRENCH	**ENGLISH**
Note: (nf) is a feminine noun (nm) is a masculine noun	(adj.) is an adjective
a (pronouced 'ah') *from* avoir	(he/she/it) has
à/au	at, to/at the, to the
aboutir	to succeed, to end (up) in
accueil (nm)	a welcome
accuser	to accuse, blame, emphasize, show, admit
actuel(les) (adj.)	present, now
affecter	to affect, pretend, allocate, appoint
agir/s'agir (de)	to act/to be a matter or question of
aimer	to love
aller	to go
âme (nf)	the soul
ami(s)/amie(s)	male friend(s)/female friend(s)
amitié (nf)	friendship
âne (nm)	a donkey, an ass
ange (nm)	an angel
anglais, anglaise(s)	English
appareil (nm)	appliance, device, camera, (tele)phone
apprendre	to learn
Arlequin (nm)	Harlequin
arme (nf)	an arm (weapon)
arrêt (nm)	a stop
arrêter	to stop, to arrest
arrière, derrière	both mean 'after, behind'

assiette (nf)	a plate, a seat (équitation)
attacher	to attach
aucun(es)	no, not any
au-dessus	above
aujourd'hui	today
autre(s) (adj.)	other, different
avais – *from* avoir	(I) had
avoir	to have
balade (nf)	a walk, a stroll
baleine (nf)	a whale
bande (nf)	band, strip, stripe, wrapper, etc.
barrer	to bar (up), to block
barrer, se …	to clear off, to come out
battre	to beat, to hit, to strike
bec (nm)	the beak
beau(x), belle(s)	beautiful
bien	well, indeed, definitely
bile (nf)	bile, worry
blairer	to stand (somebody) – usually negative
blanc(s), blanche(s)	white
bleu(s), bleue(s)	blue
boire	to drink
bois (nm)	wood
boîte (nf)	1) a box, a tin 2) a nightclub
bond (nm)	a leap, bound, jump; bounce
bon(s), bonne(s)	good
bonheur (nm)	happiness
bonjour	good day

bouc (nm)	a (billy) goat, a goatee (beard)
bouche (nf)	the mouth
boucher	to cork, to block, to fill up
bouffer cf. manger (below)	to eat, to gobble down, to wolf down
bouilloire (nf)	the kettle
bourdon (nm)	bumblebee, great bell; out (typo)
bout (nm)	tip, end (piece), bit
bouteille (nf)	a bottle
braquet, le grand ..., le petit ...	higher gear, lower gear
bras (nm)	an arm (limb)
brin (nm)	a blade (of grass), a sprig, a strand
brûler	to burn
ça	that
cadre (nm)	1) frame, crate 2) executive, manager
calme(s) (adj.)/calme (nm)	calm (adj.)/the calm
carabine (nf)/carabiné(es) (adj.)	a rifle, a gun/raging, violent
carcan (nm)	a straitjacket
carte (nf) cf. plan	1) a card 2) a map (larger than 'un plan')
carton (nm)	cardboard
casier (nm)	compartment, drawer, locker, pigeonhole
cassé(es) (adj.)	broken
casse-pipe (nm inv.)	a disaster
casser	to break
ceinture (nf)	a belt

censé(es)	should, supposed (to)
cent(s)	hundred(s)
centième (adj.)	hundredth
cerner	to encircle, to surround
chance (nf)	luck
chanson (nf)	a song
chant (nm)/chanter	singing, a song/to sing
chapiteau (nm)	a canopy, a marquee
charbon (nm)	coal
charger (de)/charger (à)	to load (with)/to charge (at)
chauffer	to heat, to warm
chaussée (nf)	the road(way), the causeway
chemin (nm)	the way, the path
chèque (nm)	a cheque
chien (nm)	a dog
chose (nf) cf. quelque chose	a thing
choyer/choyé(es)	to cherish, to pamper/cherished, pampered
cinq	five
cinquante	fifty
cirage (nm)	polish(ing), waxing
cloche (nf)	a bell
clouer	to nail down, pin down
cœur (nm)	the heart
coin (nm)	a corner/ a part, a patch, an area
coller	to stick, to glue, to paste
comme	like, as if, as though
commencer	to begin, to start
commençons	let us begin, let us start

compte (nm)	count, (the right) number
connaissance (nf)	knowledge
conseil (nm)	advice, counsel, hint
conserves (nfpl)	canned, tinned food
consigne (nf)	instructions, confinement, left-luggage (office)
coordonnées (nmpl)	1) coordinates (maths) 2) contact details
coq (nm)	the cock
corne (nf)	horn, antler, tusk
cote (nf)	the quotation
coté(es) (adj.)	highly thought of, prized
côte (nf)	1) rib 2) coast 3) hillside
côté (nm)	the side
cou (nm)	the neck
coude (nm)	the elbow
couleuvre (nf)	a snake
coup (nm)	a knock, a blow, a shock
courant (nm)	current, power, trend
courber	to bend, to curve
courir	to run
courriel, un mail	email (tip: hyphens not always accepted)
coûteuse(s) (adj.)	costly, expensive
crainte (nf)	fear
cran (nm)	notch, catch, hole (in belt, etc.)
crémaillère (nf)	a trammel, a cog, a rack
creux (nm)	a hollow
creux, creuse(s) (adj.)	empty, hollow
dame (nf), dames (nfpl)	a woman, draughts (the game)

dans	in
dare-dare	at the double, double quick
de(s)	of
débarrasser	to clear (a table etc.)
debout	standing up
début (nm)	the beginning
déceler	to detect, to discern / to indicate, to reveal
déception (nf)	disappointment
décharger	unload, unburden, vent
dédoublement (nm)	dividing, splitting in two
défi (nm)	a challenge
défouler, se …	to relax, to unwind, to relieve feelings
délit (nm)	a crime
demande (nf)	a request
demander	to ask
démarrage (nm)	a moving off (especially car), a start
dent (nf)	a tooth
départ (nm)	departure, launch; a start
dernier(s), dernière(s) (adj.)	last
désaccord (nm)	a disagreement
dès	from
dès que	as soon as, immediately
détenir	to hold, to be in possession of
déterré (nm) (add e if female)	(somebody) dug up, unearthed
deux	two
devis (nm)	an estimate, a quotation
devoir (nm)	duty, homework

devoir (verb)	ought, should
dévorer	to devour
difficulté (nf)	a difficulty
dire	to say
dix	ten
doigt (nm)	finger (toe: doigt de pied)
donner	to give
dormir	to sleep
dors – *from* dormir	(I) sleep
dos (nm)	the back
dresser, se ...	to stand up, to sit up (straight)
drôle(s) (adj.)	funny: amusing and strange, odd
dur(es)	hard
eau (nf)	water
échapper	to escape
échine (nf)/s'échiner	backbone, spine/to work oneself to death
elle	she
emballage (nm)	packing (up), wrapping (up)
employé (nm) (add e if female)	an employee
en	in, of, on. Also 'of it'
en avant, en devant	both mean 'in front, before'
en conserve cf. conserves (above)	in convoy, in concert
encore	again, yet, still
encore que	even though
en dessous	below
entendre	to hear, to understand, to intend
en train de	(in the middle of) doing something

entrain (nm)	spirit, drive, liveliness, go
envie (nf)	desire, yearning, longing
épancher	to pour forth, to vent
épaule (nf)/épauler	a shoulder/to back up, support
épi (nm)	ear (of corn etc.), tuft, spike
épiderme (nm)	epidermis, skin
ergot (nm)	spur (cock, rooster), dewclaw (dog), 'hackles'
est (1) *from* être	(she/he/it) is
est (2) (nm)	east
et/et...et...	and/both...and...
état (nm)	state, condition
était (*from* être)	(he/she/it) was
été (nm)	summer
être	to be
étriqué(es) (adj.)	tight, narrow-minded, cramped
eu *from* avoir	(she/he/it) had
éventail (nm)	a fan (the kind you fan yourself with)
faire	to do, to make
fait (nm)	a fact
faux, fausse(s) (adj.)	false, deceptive
fenêtre (nf)	a window
ferrer	to shoe (a horse), to nail, to strike
feu (nm)/feu M. Ruquier	fire/the late Mr Ruquier
filer	to spin (out), to shadow, to tail (police), to run, to slide, to slip (money)
fin(es) (adj.)	thin, fine, shrewd

fin(s) (nf)	the end/ends
finissant(es)	ending, finishing
flanquer	fling, chuck, give (slap etc.)
flocon (nm)	a flake
fois (nf)	a time
forcer	to force, to compel, to override
(se) formaliser	to formalize (to take offence at)
forme (nf)	form, shape, mould
fou(s), folle(s)	mad, crazy
fourchette (nf)	a fork cf. manger (section 2)
français, française(s)	French
franchir	to cross
frapper	to hit, to strike
freiner	to brake
fringale (nf)	a (ravenous) hunger
froid(es) (adj.)	cold
futé(es)	wily, crafty, cunning, sly
gagnez	to win
garde (nm)	a guard, a warden, a keeper
gare (nf)	the station
gare à	beware of
garer	to park (a car etc.)
gaz (nm)	gas
genre (nm)	type, kind, sort
gifle (nf)	a slap
gorge (nf)	the throat, a breast, a gorge
graine (nf)	the seed
grand(es) (adj.)	big, large
grandeur (nf)	size, greatness, magnitude

gratuit(es) (adj.)	free
groin (nm)	a snout
guignol (nm)	the clown
habitude (nf)/d'habitude	a habit/usually, as a rule
hantise (nf)	obsessive, haunting fear, dread
hayon (nm) (arrière)	a tailboard (a hatchback)
herbe (nf)	grass
heure (nf)	an hour
heureux, heureuse(s)	happy
houleux, houleuse(s)	stormy, tumultuous
huit	eight
humeur (nf)	mood (often bad mood)
humour (nm)	humour
hydre (nf)	hydra
ici	here
il	he
immobilier (nm)	the property business
implicite(s)	implicit, tacit
inclure	to insert, to include, to enclose
incollable(s) (adj.)	unbeatable, difficult to catch out
initial(es) (adj.)	initial
insister	to insist
interpeller	to question, to shout out to
ironie (nf)	irony
j'ai	I have
jamais/à jamais	never/for ever, always
jardin (nm)	a garden
jaune(s) (adj.)	yellow
je	I

jeune(s) (adj.)	young
jeun, être à	fasting, to be…
joie (nf)	joy
jouer to	to play
jour (nm)	a day
jusqu'à, jusqu'au	to, as far as, (right) up to, all the way to
justesse (nf)/de justesse	accuracy, precision/barely, just
la/là	the (with feminine noun)/ there
lâcher	to loosen, to let go of, to leave
laisser	to leave
lait (nm)	milk
le/la	the (with masculine/ feminine noun)
leçon (nf)	a lesson
lever/se lever	to lift/to get up
lier	to bind, to tie up
ligne (nf)	a line
lippe (nf)	(fleshy) lower lip
livre (nm) / livre (nf)	a book/a pound (weight and money)
loup (nm)	a wolf
lourd(s), lourde(s) (adj.)	heavy
lueur (nf)	a glimmer, a (faint) light, a glow
lui	to her, to him
lune (nf)	the moon
ma, mon, mes	my
mail (nm), courriel (nm)	email (tip: hyphens not always accepted)
main (nf)	a hand

mainmise (nf)	takeover, stranglehold
maison (nf)	a house
manche (nf)/la Manche	a sleeve/the English Channel
manche (nm)	a handle
manger	to eat
manque (nf)	a lack
manteau (nm)	a coat
maquis (nm)	scrub, bush
maquisard (nm)	a member of the Resistance (WWII)
marcher	to walk
marotte (nf)	a hobby, a craze
marre, en avoir marre	to be fed up, sick of it
matin (nm)	the morning
matraque (nf)	a baton, a truncheon, a club
mauvais(es)	bad
mèche (nf)	wick, forelock, (medical) dressing
meilleur(es) (nm)	the best
même	(the) same
mer (nf)	the sea
mes	my (with plural noun)
mesquinerie (nf)	small-mindedness, narrow-mindedness
mesure (nf)	measurement
mettre	to put
meurs – *from* mourir	(I) die
mieux	better, (the) best
mine (nf)	(facial) expression, appearance
mis – *from* mettre	(I) put

mois (nm)	a month
mon	my (with masculine singular noun)
monde (nm)	the world
monter	to go up, to climb, to rise
mors (nm)	the bit (of a horse)
mouche (nf)	a fly
mourir	to die
mouton (nm)	a sheep
moyen(ne)(s) (adj.)	medium, middle, average
moyennant	(In return) for
muscade(nf)	nutmeg
mutin(es) (adj.)	michievous
narquois(es)	mocking
ne	not
nèfle (nf)	medlar (fruit)
neige (nf)	snow
nervosité (nf)	1) agitation 2) irritability 3) responsiveness
neuf (number)/neuf(s), neuve(s)	nine/new
nez (nm)	the nose
nid (nm)	a nest
noir(es) (adj.)	black
noix (nf)	a (wal)nut – no generic name for nut
notre, nos	our
nuée (nf)	a thick cloud, horde, swarm
nuit (nf)	night
œil (nm)	an eye
offrir	to offer

oignon (nm)	an onion
on/un, une	one (a person)/one (the number)
oncle (nm)	uncle
onde (nf)/les ondes	a wave/(radio) wavelength
ont *from* avoir	(they) have
opinion (nf)	opinion
or (conjunction)	now, and yet, but
or (nm)	gold
oreille (nf)	an ear
os (nm)	a bone
ou/où	or/where
outre	as well as, besides
ouvert(es)	open
panier (nm)	a basket
papier (nm)	paper
parent (nm)	a relative as much as a parent
parer	1) to adorn 2) to fend off, to remedy
parfait(s), parfaite(s)	perfect
parler	to talk, to speak
parole (nf)	a word
pas (1)	not
pas (2) (nm)	a step
passe (nf)/en passe de	a pass/on the way to
passer	to pass
pâte (nf) /pâtes (nfpl)	paste/pasta
pâté (nm)	1) paté 1) a block (of houses)
pays (nm)	a country
pendre	to hang

pente (nf)	a slope
perdre	to lose
personnalité (nf)	the personality
petit(s), petite(s)	little, small
peu (nm) (adverb)	a little, not much
peau (nf)	skin
peut *from* pouvoir	(she/he/it) can
peux *from* pouvoir	(I, you) can
pièce (nf)	1) a coin 2) a room
pied (nm)	the foot
piercé(s), piercée(s)	pierced
pile (adverb)	exact, dead on (time etc.)
pile (nf)	a pile, a stack; a battery
pingrerie (nf)	meanness, stinginess
piquer	to sting, to stick, to prick, to goad
pire(s) (nm)	the worst
pis-aller (nm)	a stopgap, second best
pitre (nm)	a clown
plaisanterie (nf)	a joke
plan (nm)	a detailed map e.g. of town centres etc.
plein(es) (adj.)	full
plier	to fold (up), to bend, to yield
plus	more, most
poids (nm)	a weight
poil (nm)/à poil	a hair/naked
police (nf)	1) the police 2) the policy
policé(es)	refined, polished, civilized
pont (nm)	a bridge

portable (nm)	a mobile 'phone
porte (nf)	a door
porter	to bring, to carry
postulat (nm)	the premise
pouce (nm)	a thumb
poule (nf)	1) a hen 2) a pool, a kitty
pour	for, in order to
pourboire (nm)	a tip
pousser	to push
pouvoir	to be able to
préavis (nm)	(advance) notice
prêcher	to preach
premier(s), première(s) (adj.)	first
prendre	to take
presse (nf)	the press, (news)papers
propos (nm)/à propos	word(s), aim, subject/well-timed, apt
quand	when
quarante	forty
(de) quart (nm)	quarter (on watch)
quatre	four
quatre-vingt	eighty
quatre-vingt-dix	ninety
que	that
quelque chose	something
quelqu'un	somebody
querelleur(es) (adj.)	pugnacious, quarrelsome
quoi ? (note the space)	what? (no space)
racisme (nm)	racism

racler	to scrape
raison (nf)	reason, ratio
rayer	to rule, to line, to cross out
récit (nm)	an account, a story, a narrative
réclusion (nf)	imprisonment
réconfort (nm)	comfort, consolation
regard (nm)/regarder	a look/ to look
relâche (nm or nf)	respite, rest
relent (nm)	a foul smell, a stench
relever	to stand up (again), to pick up, to right
rendre	to give back, to return, to make
rentrer	to go back in
repas (nm)	a meal
répit (nm)	respite, rest
reprise (nf)/reprises (nfpl)	resumption, revival/acceleration (car)
requin (nm)	a shark
Résistance (nf)	the (French) resistance movement (WWII)
resquiller	to sneak in, to jump the queue, to wangle
ressort (nm)	a (metal type) spring
rester	to stay
rétorsion (nf)	retaliation
réussir	to succeed
revenant (nm)	a ghost
revenir	to come back, to return
revoir	to see again
révolu(es) (adj.)	gone *not* come round again
rez-de-chaussée (nm)	the ground floor

rire	to laugh
rire (nm)	a laugh
robe (nf)	a dress
rose(s) (adj.)	pink
rotule (nf)	a kneecap, patella
roue (nf)	a wheel
rouge(s) (adj.)	red
sa/son/ses	her/his/its
sac (nm)	a bag
sagesse (nf)	wisdom
sale(s)	dirty
sans	without
santé (nf)	health
satané(es) (adj.)	blasted, confounded, damned!
sauterelle (nf)	1) a grasshopper, locust 2) a conveyor belt
sécurité (nf)	security
sens (nm)	sense
sensible(s)	sensitive
sept	seven
serait *from* être	(he/she/it) would be
serrer	to grip, to clutch
servir	to serve
ses	her/his (+ plural)
seuil (nm)	doorstep, doorway, threshold
siffler	to whistle
sigle (nm)	initials, abbreviation; acronym
sinistre (nm)	a disaster, a blaze
sinistre(s) (adj.)	forlorn, unsavoury, gruesome

sinistré(es) (noun)	disaster victim(s)
sinistré(es) (adj.)	devastated, disaster-stricken
six	six
soin(s) (nm + plural)	care(s)
soixante	sixty
soixante-dix	seventy
soixante-huit	sixty-eight
soleil (nm)	the sun
son	sound
sont	(they) are
sort (nm)	fate
sortir	to leave, to go out
soupçon (nm)	1) a suspicion 2) a hint, a touch
soupir (nm)	a sigh
sourire (noun)/sourire (verb)	a smile/to smile
souris (nf)	a mouse
sous	beneath, under
sous-sol (nm)	subsoil, basement, lower ground floor
soutien (nm)	support
sur	on
ta, ton, tes	your (familiar)
table (nf)	table
tableau (nm)	a picture, a switchboard
tailler	to cut, to carve, to make
tambour (nm)	a drum
taper/se taper	to beat, to slap, to bang/ to put away, to get lumbered with
télécharger	to download

tenir	to hold
tête (nf)	the head
têtu(es)	stubborn, obstinate
tire-larigot, à	to one's heart's content
ton (nm)/ton (possessive adj.)	the pitch, tone/your (familiar)
topo (nm)	a rundown, a spiel
tôt	early
toucher	to touch
toujours, à jamais	always cf. jamais (above)
tourner	to turn
tout, tous, toute(s)	all
tradition (nf)	tradition
train (nm) cf. train (section 5)	the train/the backside, rear
traitement (nm)	treatment, salary, processing
travail (nm)/travailler	work/to work
travers (à)	through
travers (nm)	a fault, a failing
traverser	to cross
trente	thirty
très	very
trimer	to slog, to work hard
trois	three
trop	too
tu	you (familiar)
tuer	to kill
tutoyer	to use 'tu' (rather than 'vous')
un, une	a/one
unité (nf)	a unit/unity
urgence (nf)	emergency, urgency

vache (nf)	a cow
vaquant *from* vaquer	attending to, seeing to
veau (nm)	a calf
vendre	to sell
vent (nm)	the wind
vérité (nf)	truth
versement (nm)	a payment, an instalment
vert(es) (adj.)	green
veste (nf)	a jacket
vice (nm)	a vice, a fault, a defect
vide(s) (adj.)	empty
vie (nf)	life
viens, vient *from* venir	conjugations of 'to come'
vieux, vieille(s)	old
ville (nf)	a town, a city
vingt	twenty
vitesse (nf)	speed
vivre	to live
voie (nf)	a way
voir	to see
voiture (nf)	a car, an automobile
voix (nf)	a voice
votre, vos	your (formal)
vous	you (formal)
vouvoyer	to use 'vous' (rather than 'tu')
vrai(es) (adj.)	true (adj.)
vue (nf)	sight
yeux (singular œil) (nm)	eyes

INDEX
ENGLISH to FRENCH

ENGLISH

FRENCH

about (adverb)	à peu près, au sujet de
above	au-dessus, en haut
acceleration (noun)	l'accélération (nf)
accelerate (verb)	accélérer, activer, hâter
accept (verb)	admettre, accepter
act (noun)/act (verb)	un acte/agir, se comporter
again	encore
agree (verb)/agreement (noun)	consentir, accepter, convenir/ un accord
ahead	en avant, devant
aid (noun)/aid (verb)	l'aide (nf)/aider
alarm (noun)/alarm (verb)	une alerte/éveiller des craintes chez
all	tout, toute(s), tous
allay (verb)	modérer, apaiser
allocate (verb)	allouer, attribuer; affecter à
alone	seul(es)
along	le long de
anger (noun)	la colère
another (adj.)/another (noun)	autre(s)/un autre, une autre
any	n'importe quel(le)
appetite (noun)	un appétit
around	autour
ask (verb)	demander
assault (noun) (and battery)	l'assaut (nm)/les voies (nfpl) de fait
at	à
attendant (noun)	l'employé, l'employée
author (noun)	un auteur, une auteure

back (noun)	le dos
bad (adj.)	mauvais(es)
base (noun)/basic (adj.)	la base, le pied/ fondamental(es), de base
battery (noun)	une pile (for use in an appliance)
be (verb)/not to be	être/pas être
bean (noun)	un haricot (vert), une fève
bed (noun)	un lit
before, in front	avant, devant
beginning (noun)	le commencement
behind (adverb)	derrière, en arrière
best (adj.)	meilleur(s), meilleure(s)
better (adj.)	mieux
beware (of)	gare à la ..., gare au ...
big (adj.)	grand(es)
bill (noun)	l'addition (nf) (in restaurant), une facture
bit	un peu
bite (noun)	une morsure, une piqûre
black (adj.)	noir(es)
blade (noun)	une lame, un couperet
block (noun)/block (verb)	un bloc, une bille/boucher, bloquer
blue (adj.)	bleu(es)
bolt (noun)	un verrou, un pêne; un éclair (lightning)
bolt (verb)	s'emballer, filer, se sauver; se précipiter
bombing (noun)	un bombardement, un attentat
bone (noun)	un os, une arête
bottle (noun)	une bouteille

bounce (verb)	bondir, rebondir
breach (noun)	une infraction, un manquement
break (noun)/break (verb)	une cassure, une rupture/casser
breathe (verb)	respirer, souffler
brick (noun)	une brique
brisk (adj.)	vif(s), vive(s), animé(es), brusque(s)
brother (noun)	un frère
bucket (noun)	un seau
bug (noun)/bug (verb)	une punaise, une bestiole/embêter
build (verb)	construire
bull's-eye (to hit the bull's-eye)	1) un gros bonbon 2) un mille (faire mouche)
burden (noun)/burden (verb)	un fardeau/charger (de)
business	les affaires (nfpl)
buy (verb)	acheter
call (noun)/call (verb)	un appel, un cri/appeler, crier
calm (noun)/calm (adj.)	le calme/calme(s)
can (noun)/(he) can (verb)	un bidon, une boîte (de conserve)/(il) peut
(motor) car (noun)	une voiture, une automobile
card (noun)	la carte
care (noun)/care (verb)	l'attention (nf), le souci/se soucier
carry (verb)/carry on (verb)	porter/passer outre (!)
cast (noun)/cast (verb)	le moule, la distribution (actors)/jeter, lancer
cat (noun)	le chat
catch (verb)/catch out (verb)	attraper, saisir/prendre en défaut
challenge (noun)/challenge (verb)	un défi/défier, contester

cheek (noun)	1) la joue 2) l'effronterie (nf), le toupet
clandestine (adj.)	clandestin(es)
clear (adj.)/clear off (verb)	évident(es), lucide(s)/filer, décamper
clever (adj.)	intelligent(es), habile(s), adroit(es)
climate (noun)	le climat
cloak (noun)	une grande cape
close (adj.)/close (verb)	proche(s), près de/fermer, prendre fin
clown (noun)	le bouffon (in theatre), le pitre, l'imbecile
cold (adj.)/cold (noun)	froid(es)/un rhume
come (verb)	arriver
comfort (noun), comfort (verb)	le confort, le bien-être/consoler, soulager
cost (noun)/cost (verb)	le coût/coûter
country (noun)	un pays
crock (noun)	1) un cheval fourbu 2) un croulant (a man!)
crook (noun)	1) une houlette (shepherd's) 2) un escroc (thief)
cross (adj.)/cross (noun)/cross (verb)	en colère/la croix/traverser, franchir
cruise (verb)	croiser
crumb (noun)	une miette
cure (noun)/cure (verb)	un remède, une guérison/guérir
dagger (noun)	un poignard, (shorter) une dague
dawn (noun)	l'aube (nf)
day (noun)	un jour
death (noun)	la mort

deceive (verb)	tromper
demand (verb)	exiger, réclamer, revendiquer
detect (verb)	détecter, découvrir
die (verb)	mourir
disappointment (noun)	la déception
disaster (noun)	un désastre, une catastrophe, un sinistre
do (verb) Also 'to make'	faire
dog (noun)	un chien
door (noun)	une porte
down (adverb)	en bas
download (verb)	télécharger
dream (noun)/dream (verb)	un rêve/rêver
dress (noun)/dress (verb)	une robe/(s') habiller
drive (verb)	conduire
dud (adj.)	qui foire, en bois, nul(le)s
duty (noun)/on duty	le devoir/ de garde, en faction
each	chacun, chacune
ear (noun)	une oreille
eat (verb)	manger
eight	huit
eighty	quatre-vingt
empty (adj.)	vide(s)
end (noun)/end (verb)	la fin, le bout/(en) finir
English	anglais(es)
escape (noun)/escape (verb)	la fuite, l'évasion (nf)/échapper
evening (noun)	le soir
exchange (noun)/exchange (verb)	le central (telephone)/ échanger
expensive, costly, dear	cher(s), chère(s)

eye (noun)/eyes (noun)/eye (verb)	l'œil (nm)/les yeux (nmpl)/ mesurer du regard
face (noun)	le visage
fall (noun)/fall (verb)	une chute/tomber
false (adj.)	faux, fausse(s)
fasten	attacher, lier, nouer
fat (adj.)/fat (noun)	gros(ses), joufflu(es) (in the face)/ la graisse
fate	le sort
fear (noun)	la crainte
fee (noun)	les honoraires (nmpl), le cachet
feed (verb)	nourrir, ravitailler
fifty	cinquante
finger (noun)	le doigt
fire (noun)/fire (verb)	le feu/1) tirer (a gun) 2) virer, renvoyer (to sack)
first (adj.)	premier(s), première(s)
five	cinq
flinch (verb)	broncher, tressaillir
fly (noun)/fly (verb)	une mouche/voler
food (noun)	la nourriture
fool (noun)/ fool (verb)	l'imbécile, l'idiot, l'idiote/ berner, duper
foot (noun)	un pied
foolish (adj.)	sot(tes)
for	pour
fork (noun)	une fourchette
forty	quarante
four	quatre
French	français(es)

fresh (adj.)	frais, fraîche(s)
frosty (adj.)	glacial(es), couvert(es) de givre (frost)
funny (adj.)	drôle(s)
garden (noun)	un jardin
get (verb)	avoir, acheter, aller chercher (go and find)
ghost (noun)	un revenant
give (verb)	donner
go (verb)	aller
goal (noun)	un but
good (adj.)	bon(s), bonne(s)
get (verb) See 'have' below	avoir
green (adj.)	vert(es)
grindstone (noun)	une meule (à aiguiser)
grip (noun)	une poigne, une prise
groggy (adj.)	faible(s), sonné(es)
grub (noun)	1) une larve, un ver, un asticot 2) la bouffe
grubby (adj.)	malpropre(s), sale(s)
hackles (plural noun)	poils (nmpl) du cou (hairs of the neck)
half (noun)	la moitié
halt (noun)/halt (verb)	une halte, un arrêt/faire halte, s'arrêter
hand (noun)	la main
handle (noun)	une anse, une poignée
hard (adj.)	dur(es)
harmful (adj.)	nuisible(s)
have (verb)	avoir
he	il

head (noun)	la tête
headache (noun)	un mal de tête
headline (noun)	un grand titre (Radio, TV), un gros titre (paper)
hear (verb)	entendre
heart (noun)/hearty (adj.)	le cœur/enthousiaste(s), sans réserves
heat (noun)/heat (verb)	la chaleur/chauffer, se réchauffer
heavy (adj.)	lourd(es)
heel (noun)	un talon (of shoe), un salaud (unpleasant man)
her, she	elle
hill (noun)	la colline, le coteau, le mamelon, la côte
him	le, l' (unstressed), lui (stressed)
his, her, its	sa/son/ses
hit (verb)	frapper
hold (noun)	la prise, l'étreinte (nf), l'emprise (nf)
hollow (adj.)	creux, creuse(s)
home	la maison, chez-soi
horse (noun)	un cheval
hot (adj.)	chaud(es)
hotel (noun)	un hôtel
huge (adj.)	énorme(s)
hunch (noun)	un pressentiment, une intuition
hundred/hundredth	cent/centième
hunger (noun)	la faim
I/me/myself	je/moi/moi-même
imp (noun)	un lutin
in/into	dans

intensive (adj.)	intensif(s), intensive(s)
irony (noun)	l'ironie (nf)
it	il
item (noun)	un article, un point
joke (noun)	une plaisanterie, une blague
joke (verb)	plaisanter, blaguer
keep (noun)/keep (verb)	un donjon/garder, conserver
kettle	la bouilloire
kick (noun)/kick (verb)	un coup de pied/donner un coup de pied
knack (noun)	le tour de main
knee (noun)/kneecap (noun)	le genou/la rotule
knife (noun)	un couteau
knot (noun)	un nœud
know (verb)/knowledge (noun)	connaître/la connaissance
lap (verb)	laper (milk), clapoter (waves) (against: contre)
large (adj.)	grand(es)
lark (noun)	l'alouette (nf)
last (adj.)	dernier(s), dernière(s)
laugh (noun)/laugh (verb)	un rire/rire
law (noun)	la loi
leaf (noun)	une feuille
leap (noun)/leap (verb)	un saut, un bond/sauter, bondir
learn (verb)	apprendre
leave (noun)/leave (verb)	la permission/quitter
leg (noun)	une jambe
lesson (noun)	une leçon
let (verb)/let off (verb)	laisser/dégager, lâcher, laisser partir

life (noun)	la vie
light (noun), light (verb)	la lumière/allumer, éclairer
like (preposition)/like (verb)	comme/aimer
limp (adj.)/limp (noun)/limp (verb)	mou(s), molle(s)/une claudication/boiter, clopiner
line (noun)	une ligne, un trait
listen (verb)	écouter
little (adj.)	petit(es)
live (adj.)/live (verb)	vivant(es)/vivre
long	long(s), longue(s)
look (noun)/look (verb)	un regard/regarder
lose (verb)/loosen (verb)	perdre, égarer/défaire, délier, dénouer
love (noun)/love (verb)	l'amour (nm)/aimer
luck (noun)	la chance
mad (adj.)	fou(s), folle(s)
magic (noun)/magical (adj.)	la magie, l'enchantement (nm)/magique(s)
make (verb) Also 'to do'	faire
manager (noun)	le directeur
manner (noun)/manners (noun)	une manière, une façon/(bonnes) manières
map (noun)	la carte
marble (noun)	le marbre, une bille (child's toy)
march (verb)	marcher au pas ('marcher' is 'to walk')
me	moi
meal (noun)	un repas
melancholy (adj.)/melancholy (noun)	mélancolique(s), triste(s)/la mélancolie
member (noun)	un membre, un adhérent
mind (noun)/mind (verb)	l'esprit (nm)/garder (enfants), être dérangé(es)

mischievous	mutin(es)
mistake (noun)	une erreur
mobile (adj.)/mobile 'phone	mobile(s)/un portable
money	l'argent (nm) ('la monnaie' is rather 'loose change')
month (noun)	un mois
mood (noun)	l'humeur (nf), la disposition
moon (noun)	la lune
morning (noun)	le matin
most	le plus
motive (noun)	un mobile, une raison
move (noun)/move (verb)	un mouvement/bouger, remuer
murder (noun)/murder (verb)	un meutre/assassiner, massacrer, écraser
my	ma/mon/mes
narrow (adj.)	étroit(es), étriqué(es), restreint(es), borné(es)
near (adj.)	près, proche(s)
never/for ever	jamais/à jamais
new (adj.)	nouveau(x), nouvelle(s)
newspaper (noun)	un journal
nick (noun)	une encoche, une ébréchure, (petite) coupure
nick (verb 1)	faire une encoche sur, ébrécher, biseauter
nick (verb 2)	pincer, choper (arrest); piquer, faucher (steal)
night	la nuit
nine	neuf
ninety	quatre-vingt-dix
no	non

nod (verb)/nod off (verb)	hocher la tête/s'endormir
nose (noun)	le nez
not (at all)	pas (du tout)
nothing (at all)	rien (du tout)
of/off	de/éteint(es)
offence (noun)	un délit, une infraction
on	sur
once	une fois
one/oneself	un, une/lui-même
only	seulement
open (adj.)	ouvert(es)
or	ou
order (noun)/order (verb)	un ordre, une consigne/ordonner à, commander
other (adj.)	autre(s)
out/to go out (verb)	dehors/sortir
over	dessus, fini(es), close(s)
own (adj.)/own (verb)	propre/avouer, posséder
pace (noun)/pace (verb)	le pas/arpenter, faire les cent pas
paper (noun)	le papier
park (noun)/park (verb)	le jardin public, le parc/garer (la voiture)
party (noun)	le parti, la fête, la partie
past (adj.)/past (noun)	passé(es)/le passé
pavement (noun)	le trottoir
pay (verb)/payment (noun)	payer/un paiement
pearl (noun)	une perle
peer (noun)	un pair
peer (verb)	regarder (quelqu'un) d'un air dubitatif

perfect (adj.)	parfait(es)
person	une personne (even for a man)
pessimism (noun)	le pessimisme
petty (adj.)	mesquin(es), mineur(es), insignificant(es)
pinch (noun)	un pincement
pinch (verb)	1) pincer (to pinch) 2) faucher (to steal)
pink (adj.)	rose(s)
pitch (noun)	1) un terrain 2) le tangage 3) la poix
pitch (verb)	lancer, jeter
plastic (adj.)	le plastique
play (verb)	jouer
pocket (noun)	la poche
post (noun)	1) la poste 2) un poteau, un pieu, un montant
post (verb)	mettre à la poste; expédier par la poste
practice (noun)/practise (verb)	la pratique, l'usage (nm)/ pratiquer
preach (verb)	prêcher
present (noun)/present (adj.)	un cadeau/actuel(les)
press (noun)/press (verb)	un pressoir, la presse/ appuyer (sur)
problem (noun)	un problème
pull (verb)	tirer, arracher, extirper
push (verb)	pousser
put (verb)	mettre
question (noun)/question (verb)	une question, un doute/ interroger
quiet (adj.)	bas, basse(s); doux, douce(s)

203

quite	plutôt, assez, exactement !
raid (noun)	une incursion, une descente (de police)
raid (verb)	bombarder, faire une rafle dans
rampant (adj.)/(to run) rampant	luxuriant(es)/sévir
ready	prêt(s), prête(s)
rear, behind	arrière, derrière
red (adj.)	rouge(s)
reject (noun)/reject (verb)	un article de rebut/rejeter, repousser
relative (noun)	un parent
remember (verb)	se souvenir de, se rappeler
reply (noun)/reply (verb)	une réponse, une réplique/répondre
request (noun)/request (verb)	une demande/demander
resolutely	résolument, fermement
return (noun)	le retour (un aller-retour=a return ticket)
return (verb)	revenir, retourner
rid (verb)	débarrasser, délivrer
right (adj.)/right (noun)	bien, juste, exact/le droit
rise (verb)	(se) lever
road (noun)	la rue
rocket (noun)	une fusée, une roquette
rough (adj.)	rêche, rugueux, rude, âpre, brusque
round (adv.)/round (adj.)/round (noun)	autour/rond(es), circulaire(s)/un rond
run (verb)	courir
salary (noun)	un traitement, un salaire
same	même

scarper (verb)	ficher le camp, filer
score (verb)	marquer, entailler
scrape (verb)	érafler, égratigner
scratch (verb)	griffer, érafler, rayer; gratter
screech (verb)	grincer, crisser, crier, hurler
second/second-best	le, la deuxième/un pis-aller
secret (adj.)/secret (noun)	secret, secrète)/un secret
see (verb)	voir
sell (verb)	vendre
sensitive	sensible(s)
seven	sept
seventy	soixante-dix
shadow (noun)	une ombre
shake (verb)	1) trembler 2) serrer (la main) – to shake hands
sharp (adj.)/sharply	coupant(es), tranchant(es)/ vertement
she	elle
shoulder (noun)/shoulder(verb)	une épaule/épauler
side (noun)/side (with) (verb)	un côté/prendre parti pour quelqu'un
sight (noun)	la vue
sing (verb)	chanter
sister (noun)	une sœur
six	six
sixty	soixante
sizeable (adj.)	assez considérable(s), assez important(es)
skin (noun)	la peau
slap (noun)	une claque, une gifle
sleep (verb)	dormir

sleeve (noun)	une manche cf. manche (section 3)
slight (adj.)/slight (noun)/ slight (verb)	petit, léger/un affront/ offenser, blesser
sly (adj.)	rusé(es), narquois(es)
smack (noun)	une tape, une gifle, une claque
small (adj.)	petit(s), petite(s)
smooth (adj.)/smoothly (adverb)	lisse(s), doux, -douce(s)/en douceur
snake (noun)	une couleuvre
sneak (noun)/sneak (verb)	un faux jeton/moucharder, être furtif, -ive
snout (noun)	un groin
somebody	quelqu'un
something	quelque chose
song	une chanson
soon	bientôt
sound (adj.)/sound (noun)/ sound (verb)	bien portant/un son, un bruit/sonner, retentir
soundly	à plate(s) couture(s), sévèrement
spill (verb)	renverser, répandre
spleen (noun)	la rate, la mauvaise humeur
spoon (noun)	une cuillère/une cuiller
spring (noun)/spring (verb)	le printemps/bondir, sauter
stamp (noun)/stamp (verb)	un timbre/taper du pied
stand (verb)	1) rester debout 2) supporter
stare (verb)	dévisager quelqu'un, fixer qch. du regard
stark (adj.)	austère(s), désolé(es), morne(s)
start (noun)/start (verb)	un commencement/ commencer
state (noun)/state (verb)	un état, un rang/déclarer, affirmer (que)

station (noun)	la gare
steal (verb)	voler
steam (noun)/steam along (verb)	la vapeur/filer
stop (noun)/stop (verb)	arrêt (nm)/arrêter, cesser
stopgap (noun)	un pis-aller
story (noun)	une histoire
straitjacket (noun)	le carcan
strike (noun)/strike (verb)	une grève/frapper, heurter
stroll (noun)/stroll (verb)	une petite promenade/se promener, flâner
subject (noun)/subject (verb)	un sujet/soumettre, assujettir
submit (verb)	(se) soumettre
sulk (verb) Also 'to shun'	bouder
sulky (adj.)	boudeur(s), boudeuse(s)
summer (noun)	l'été (nm)
sun (noun)	le soleil
suppose (verb)	supposer, croire, penser
surround (verb)	cerner
suspicion (noun)	le soupçon cf. soupçon (section 3)
sympathy	la compassion
tacit	tacite(s), implicite(s)
take	prendre
tea (noun)	le thé
tell (verb)	dire, raconter, savoir, ordonner
ten	dix
them	les; eux, elles
they	ils, elles
thick (adj.)	épais(ses)
thief (noun)	un voleur
thin (adj.)	maigre(s), mince(s), fin(es)

thing (noun)	la chose
think (verb)/thought (noun)	penser/une pensée
thirty	trente
this/these	ce, cette, cet/ces
three	trois
throat (noun)	la gorge
through	à travers
throw (verb)	jeter
thumb (noun)	le pouce
time (noun) *and* weather (noun)	le temps
tin (noun)	l'étain, le fer-blanc; une boîte
tip (noun)	1) un bout 2) un pourboire 3) un tuyau
today	aujourd'hui
tongue (noun)	la langue
too (much)	trop
tooth (noun)	une dent
touch (noun)/touch (verb)	le contact, la touche/toucher (à)
town (noun)	une ville
tree (noun)	un arbre
trouble (noun)/trouble (verb)	les ennuis (nmpl)/déranger, inquiéter
trough (noun)	1) une auge 2) un creux
trust (noun)/trust (verb)	la confiance/se fier (à quelqu'un)
truth (noun)	la vérité
turn (verb)	(faire) tourner, transformer
twenty	vingt
two	deux
ugly	moche(s)

uncle (noun)	un oncle
under	sous
understand (verb)	comprendre
unpalatable (adj.)	désagréable à entendre
unsold (adj.)	invendu(es)
until	jusqu'à
up	là-haut, levé(es)
vehicle (noun)	un véhicule, (very large) un engin
vengeance (noun)	la vengeance
vent (noun)/vent (verb)	un conduit, un tuyau / décharger (sur)
victim (noun)	une victime (this is male as well as female)
voice (noun)	la voix
wait (noun)/wait (verb)	une attente/attendre
walk (verb)	marcher
wall (noun)	un mur
wander (verb)	s'égarer, s'écarter (to stray); flâner
war (noun)	la guerre
warm(adj.)/warm (verb)	chaleureux, -euse(s)/chauffer
warn (verb)/a warning	prévenir/un avertissement, un préavis
watch (noun)/watch (verb)	une montre/regarder, observer, épier
water (noun)	l'eau (nf)
wave (noun)/wave (verb)	une vague, une lame/saluer qn de la main
wavelength (noun)	la longueur d'ondes (nfpl)
we	nous
weather (noun) *and* time (noun)	le temps
weight (noun)	le poids

well (adj.)/(stair)well (noun)	bien/un puits, une cage (d'escalier)
what	quel(s), quelle(s)
when	quand
where	où
whistle (verb)	siffler
white (adj.)	blanc(s), blanche(s)
who	qui
why?	pourquoi ? (Note the space before the ?)
wild (adj.)	sauvage(s), féroce(s), farouche(s)
win (noun)/win (verb)	une victoire/gagner, remporter la victoire
wind (noun)/windy (adj.)	le vent/venteux, venteuse(s)
window (noun)	la fenêtre
wisdom (noun)	la sagacité
with	avec
word (noun)	un mot, une parole
work (noun)/work (verb)	le travail/travailler
world (noun)	le monde
worry (verb)	s'inquiéter, tracasser
worship (verb)	vénérer, avoir le culte de
worst (adj.)	pire(s)
wrap (verb)	emballer, envelopper
wretched (adj.)	satané(es)
write (verb)	écrire
writer (noun)	un écrivain, une écrivaine
writing (noun)	l'écriture
wry (adj.)	mi-figue mi-raisin
yellow (adj.)	jaune(s)